S

INGE RÖSENER

# Die Pony-Familie

Schneider-Buch

Deckelbild und Illustration: Kajo Bierl. Bildredaktion: Brita Oehmichen. Textredaktion: Ilse May. Herstellung: F. Wolf. Korrektur: Thilo Fahrtmann. Schrift: 10/11 Punkt Garamond. Druck: Presse-Druck, Augsburg. Bestell-Nummer: 3878. Agentur FPA Ferency, Presse-Agentur, München. 

ISBN 3 505 03878 4

## *Inhalt*

*Inhalt*

## *Geburtstags-Überraschungen*

Die Münchner Sonne blinzelte nur durch die Vorhänge. Jetzt, mitten im Juli, hieß das für Monika und Christine, daß es sicher erst so gegen fünf Uhr früh war. Viel zu früh, um schon aufzustehen, zu duschen und zu frühstücken mit Paps und der Berta. Und mit den Dackeln Kastor und Pollux, die an den Fuß-Enden der Betten schliefen.

„Mensch, Tina, heute werden wir vierundzwanzig", kicherte Monika, noch halb unter der Bettdecke verborgen. „Du zwölf und ich zwölf. Da kann Paps eigentlich gar nicht immerzu behaupten er wäre schon sooo uralt. Oder findest du, daß Paps mit zweiundvierzig uralt gegen uns ist, wenn wir vierundzwanzig sind?"

Christine kraulte Kastor unter dem Hals, wie er es jeden Morgen von ihr erwartete, ehe er es sich auf seinem Stammplatz bequem machte.

„Eigentlich fänd ich's prima, wir könnten mal im Bett frühstücken. So wie vornehme Damen, die wirklich schon alt sind. Zwanzig oder älter. Aber zwölf, nee, du! Ehrlich, für die sind wir doch bloß Gören. Auch wenn sie's einem nicht so direkt sagen ..."

Doch da geschah etwas, wie es die Zwillinge des Bildhauers Justus Keller „'n kleines Wunder" nannten. Erst klopfte es an der Tür, und dann ging die Tür auf, wie ganz von selbst. Ein Teewagen wurde wie von Geisterhand ins Zimmer geschoben, ein Teewagen mit einer Riesentorte und vierundzwanzig Kerzen und mit zwei großen Lebenslichtern in der Mitte.

Und mit Orangensaft und einer Kakaokanne und Brot und Butter, Marmelade und Rosinenzopf. Und dahinter erschien Paps, bißchen verschlafen noch und in einem zerknitterten dunkelblauen Pyjama, noch nicht rasiert, aber trotzdem roch er prima nach Zahnpasta und Eau de Cologne.

Und er griente, wie bloß Paps grienen konnte, und sang laut und falsch – das konnten die Zwillinge nämlich beurteilen, weil sie in Singen und Musik als einziges eine Eins hatten –: „Happy birthday to you".

Was „glücklichen Geburtstag für euch" heißt.

Und die Zwillinge fielen mit ein und vergaßen für einen Moment, daß sie ja auf sich selbst sangen. Oder auch nicht. Christine für Monika und Moni für Tina.

„Klasse", stellten beide einstimmig fest.

„Wieso bist 'n du schon auf? Wo du doch immer sagst, du mußt ausschlafen, weil du am liebsten nachts arbeitest?"

Justus Keller setzte sich aufs Fuß-Ende von Christines Bett, wehrte die Dackel ab, die ihn mit lautem Quietschen begrüßten und ihm am liebsten mit ihren rosa Zungen das Gesicht gewaschen hätten, und streckte jeder seiner Töchter eine Hand hin.

„Weil meine Töchter nicht jeden Tag zwölf Jahre alt werden!"

„Vierundzwanzig", verbesserte Monika und schnupperte, denn die Torte roch nach Vanille, Schokolade und Marzipan. „Zusammen werden wir vierundzwanzig."

„Aber jede seid ihr erst zwölf. Und mir eilt es auch gar nicht so mit eurem Erwachsenwerden. Na, dicken Kuß und alles Gute... ihr wißt schon. Was Eltern dann so sagen: Bleibt gesund. Lernt fleißig. Macht mir keine Sorgen."

„Hast du Geburtstag oder wir?" wollte Christine wissen, die eine Stunde vor Monika geboren war, blondes Haar hatte und blaue Augen, während Monika hellbraune Augen besaß und rötlichbraunes Haar. Sonst freilich sahen sie sich sehr ähnlich, beide langbeinig, ziemlich dünn, sonnenverbrannt und immer mit ein paar Pflastern irgendwo, denn im Bäumeerklettern und Radeln, im Raufen und Zeltebauen waren sie beide unschlagbar.

„Nämlich: Wenn wir brav sein sollen, bist es ja du, der sich was wünscht. Und schließlich haben wir Geburtstag, und da können doch eigentlich wir uns was wünschen!"

Paps seufzte sehr nachdrücklich.

„Ihr seid zu zweit. Also habt ihr wieder mal recht. Na schön. Wünscht euch also einen braven Paps, der euch eure Wünsche erfüllt. Der genug verdient vor allem, damit er das kann."

„Unsinn", kicherte Moni. „Schließlich bist du berühmt und stehst manchmal in der Zeitung. Und stellst deine Gipsköppe aus und das Zeugs, was du so machst."

Paps stützte sich seufzend an die Wand hinter dem Bett. „Das Zeugs! Tierplastiken, Brunnen, die Köpfe berühmter Menschen – das nennt ihr Zeugs!"

„Na ja", suchte Christine ihn zu besänftigen. „Gips und Ton und Plastilin, das ist doch wirklich so Zeugs. Wenn einer kein berühmter Bildhauer wäre wie du..."

„Danke", murmelte Paps. „Immerhin vielen Dank für diesen letzten Satz. Na, und nun ratet mal... was steht denn draußen vor der Tür? Was haben die Damen sich denn gewünscht?"

„Tolle Fahrräder", kam es zweistimmig. „Weiße, mit Dreigangschaltung. Mit kleinen Rädern und irrsinnig schick."

Herr Keller bekam kleine Fältchen um die Augen.

„Dann würde ich mal nachsehen, meine Damen, ob der Kerl mit den Gipsköppen, euer alter Vater, wohl das Richtige getroffen hat!"

Indianergeheul folgte, Kissen flogen, Dackel bellten, die Kerzen verloschen fast, so wurde der Teewagen hin und her geschubst. Und während Fahrradklingeln durch das Haus schrillten – ein altes Münchner Atelier im Stadtteil Schwabing mit ein paar Wohnräumen, direkt am Englischen Garten gelegen und halb unter uralten Bäumen versteckt –, probierten die Dackel, ob die Torte schmeckte.

„Klasse, Paps", schrie Moni und radelte durch die Diele, stieß gegen Möbel und riß ein Bild von der Wand, während Christine ihren Vater unsanft am Schienbein traf.

„Du bist wirklich 'ne Wucht, Professor Keller", stellten die Mädchen fest. „Manche haben zwar 'ne Mutter und 'nen Vater. Aber wenn man einen Paps wie dich hat, genügt das auch. Außerdem haben wir ja Berta."

„Die wird inzwischen wohl wach geworden sein", sagte der Professor und rieb sich sein schmerzendes Schienbein. Im Schlafzimmer der Zwillinge war Stille. Nur das Schmatzen der Dackel klang heraus. Denn die Torte war prima.

„Von wegen Mutter", sagte Herr Keller dann mit etwas sachlicherer Stimme, „da kommt noch was. Meine Hauptüberraschung sozusagen. Ihr kriegt nämlich eine Mutter. Eine neue Mutter, meine ich. Denn – nur so mit mir, das ist doch nichts auf die Dauer für zwei Mädchen. Ich habe also beschlossen, daß ich wieder heirate. Fräulein Brüning, ihr kennt sie ja, wird in Kürze eure neue Mutter!"

Es wurde ganz still. Die Räder lehnten an der Wand. Und zwei plötzlich sehr blasse Gesichter mit riesengroßen Augen starrten Paps an.

„Die? Das ist doch nicht dein Ernst, Paps! So was kannst du doch gar nicht wollen! Die willst du heiraten?"

Im Zimmer der Mädchen flog die Torte, von Dackelpfoten geschoben, zu Boden. Die Kerzen erloschen.

„Also, wenn du das tust", stieß Christine hervor, „dann..."

„... dann kannst du die Fahrräder wiederhaben..."

„Und dann wandern wir aus", setzte Monika mit Grabesstimme hinzu. „Ehrenwort. So 'ne affige Dame kannst du doch nicht heiraten. Und überhaupt, keiner von uns hat gesagt, daß wir uns zum Geburtstag 'ne neue Mutter wünschen. Oder?"

Paps sagte gar nichts. Er ging ins Zimmer der Mädchen und packte die Dackel, um sie in den Garten zu befördern. Denn über kurz oder lang mußte denen schlecht werden. Von der Torte nämlich war fast nichts mehr übrig.

## *Christoph, genannt Töffi*

Es war wie jeden Tag. Vorn an der Ecke warteten ein paar Jungen mit ihren Fahrrädern und klingelten heftig, als die Mädel den Schulhof verließen.

„Blöde Bengels", knurrte Monika verächtlich. „Denken wohl, wir finden die Gott weiß wie toll."

Doch Christine hatte diesmal eine andere Meinung, und das nicht nur, weil sie eine Stunde älter war als Moni.

„Du, Töffi ist da. Wo der doch schon vierzehn ist und nie hier auf Mädchen wartet... ob der uns zum Geburtstag gratulieren will?"

Eine Sekunde lang bedauerten beide Mädel, daß sie aus Protest gegen Paps und die angekündigte neue Mutter die alten Fahrräder statt der neuen genommen hatten. Denn von einem Jungen wie Christoph Wienke abgeholt zu werden, der einfach pfundig aussah und dessen Vater Tierarzt war ... das war noch keinem der Mädel aus der Klasse widerfahren.

„Tag, ihr beiden", sagte Töffi und hupte zur Begrüßung zweimal mit seiner Fahrradhupe, ehe er absprang. „Wollte euch bloß sagen, daß euer Kasimir wieder okay ist. Überfressen hat er sich, sagt mein Alter, und ihr sollt mal eurer Berta klarmachen, daß auch 'n Magen von 'nem Kater nicht aus Gummi ist. Holt ihr ihn gleich ab?"

„Klasse." Die Mädel sahen sich an.

„Du, ehrlich, das paßt haarscharf. Weil – wir wollen nämlich Paps heute zappeln lassen. Soll der unser Geburtstags-Mittagessen nur allein essen. Von uns aus mit Berta. Denn die Dackel haben sich auch überfressen mit unserer Geburtstagstorte ..."

Töffi grinste, und die Mädchen wurden rot.

Sah aber auch prima aus, der Töffi Wienke. Bestimmt der netteste Junge weit und breit.

„Geburtstag? Na, dann wäre wohl vielleicht 'n Eis das Richtige. Darf ich euch einladen? Also dann mal los ..."

Die Eisdiele war voll, und die Mädel warteten mit den Rädern, bis Töffi wiederkam, mit kalter, süßer Eismasse in Tüten.

„Ananas mit Zitrone. Bei der Hitze das Beste. Und wieso seid ihr nicht scharf auf Geburtstagsessen? Ich darf mir da immer wünschen, was ich am liebsten mag: Backhähnchen und hinterher Schokoladencreme. Schmeckt immer prima!"

„Na ja", gestand Christine, während sie die Räder am Bürgersteig entlang schoben, „unser Lieblingsessen gibt's schon. Und neue Räder haben wir auch gekriegt und 'ne Torte – die haben allerdings die Dackel gefressen. Aber daß Paps uns mit 'ner neuen Mutter überrascht, und noch dazu diese vornehme Ziege ..."

Sie blieben stehen, und Töffis Gesicht zeigte ehrliche Teilnahme. „Was denn ... irgend 'ne Fremde, und die soll gleich 'ne Mutter sein? Nee, danke, so was würde ich auch nicht mögen ...„ 'ne Mutter ist schließlich nicht irgend jemand. Also meine, die ist schon 'ne Wucht, ehrlich. Die unterschreibt, wenn ich mal 'nen Fünfer habe und wenn ich mal nachsitzen muß. Na, jedenfalls, die ist keine, die dann gleich 'nen Riesenzirkus aufzieht. Wenn die nicht da wäre, ich wüßte gar nicht, was ich da täte ..."

Moni zuckte die Achseln.

„Wir haben ja Paps. Und die Berta. Das reicht, finde ich. Nicht wahr, Tina? Wir jedenfalls haben nie behauptet, daß wir 'ne neue Mutter wollen. Und noch dazu eine wie Fräulein Brüning ..."

Töffi Wienke stieß einen Pfiff aus.

„Doch nicht die mit der deutschen Dogge? Mit dem Sportwagen und dem ganzen Getue?"

„Genau", sagte Christine und sah Monika bedeutsam an.

„Siehst ja, Töffi findet die genau so unmöglich. Schon mal, weil man immer Angst haben muß, daß dieses Riesenvieh von Dogge unsere Dackel oder Kasimir umbringt. Und außerdem redet die so ... na, so geschwollen. So vornehm. Und stinkt vor Geld, sagt die Berta. Na und wenn sie bei Paps Tee trinkt, dann hängt sie sich gleich bei ihm ein und tut, als ob sie ihn schon ewig kennt, und er sagt dann immer zu uns: ‚Ich habe jetzt keine Zeit.' Oder: ‚Ihr könntet euch wirklich mal ordentlich frisieren und eure Hände waschen.' Oder so was. Sagt er sonst nämlich nie!"

Moni klimperte in der Tasche ihres Sportrockes, blau und rot kariert, mit ein paar Geldmünzen.

„Das reicht noch für dreimal Würstchen. Wo wir doch heute aufs Geburtstagsessen verzichten. Habt ihr Lust?"

Doch Töffi rieb sich die Nase und grinste dann. „Wo ihr schon Geburtstag habt, da kommt mal lieber mit zu uns. Es gibt heute Heidelbeerpfannkuchen, und davon macht die Anna immer ziemlich viele, weil alle bei uns die mögen. Und den Kasimir könnt ihr dann gleich mitnehmen."

*

Die alte Berta kämpfte mit den Tränen.

„Also so was, Herr Keller, verstehe ich einfach nicht. Wo doch gekochtes Huhn mit grünen Erbsen und Butterschwämmchen das Lieblingsessen von den beiden ist! Und rote Grütze mit Himbeersoße hinterher! Halb zwei ist es jetzt, und um zwölf war die Schule aus! Wenn denen nur nichts passiert ist!"

Justus Keller arbeitete im Atelier. Er trug einen verschmierten grauen Kittel über seinen ausgebeulten Leinenhosen und hatte die Zeit, das Essen, ja selbst fast den Geburtstag der Mädel vergessen. Wie das eben immer geschah, wenn er arbeitete.

Und die „Löwenmutter mit Jungen", die er für einen großen Zoo machen sollte, war gar keine so leichte Aufgabe.

„Huhn mit Erbsen", knurrte er, „lassen Sie mich doch damit in Ruhe. Schauen Sie lieber mal, Berta, ob ich weitergekommen bin und ob das Löwen sind oder kleine zahme Hauskatzen. Da drüben von dem Sessel aus sehen Sie's am besten."

Berta seufzte.

Eigentlich gab's hier im Haus nicht zwei Kinder zu betreuen, sondern drei. Denn so recht erwachsen kam der Herr Professor Justus Keller der Berta oft nicht vor. Von Kasimir und den ewig zu Lausbübereien aufgelegten Dakkeln gar nicht zu reden.

Berta ließ sich in den Sessel fallen. Sie seufzte.

„Ausgerechnet am Geburtstag werden die doch nicht nachsitzen müssen? Freilich, wild sind sie schon, die Zwillinge. Aber herzensgut..."

Die Berta bohrte mit den Händen in den tiefen Taschen ihrer weißen Kittelschürze und zog ein zerdrücktes Zigarettenpäckchen hervor.

„Vielleicht mögen Sie auch eine, Herr Professor?"

Doch Justus Keller winkte ab.

„Ich rauch nun mal bloß Pfeife", sagte er und setzte sich auf eine Kiste, mit dem Rücken zu seiner „Löwin mit Jungen". „Und daß sie wild sind, die Mädel, das sagt Fräulein Brüning auch. Was die brauchen, ist eine straffere Erziehung. Eine englische Miß vielleicht. Und Sport. Sprachen. Gutes Benehmen. Na, ich kenne mich mit so was nicht so aus und, ehrlich gesagt – mir waren sie bisher ganz recht so, wie sie sind. Aber die beiden werden schließlich älter, und vielleicht ist es genau der richtige Augenblick, daß wieder eine Frau ins Haus kommt."

Die Pfeife wollte nicht recht brennen. Das Stopfen und Kratzen nahm kein Ende. Endlich!

Berta aber sagte gar nichts.

Frau ins Haus? Sollte das gar heißen ...

„Fräulein Brüning und ich heiraten nämlich in Kürze", sagte Justus Keller. „Den Mädchen habe ich es heute früh gesagt. Und jetzt wissen Sie es auch ..."

„Jetzt weiß ich es auch", murmelte Berta und stieß einen Schrei aus, weil irgendwoher ein Geruch von Verbranntem kam.

„Der Kuchen ... ich habe doch noch einen Kuchen gebacken, weil die Dackel die Torte gefressen haben ..."

Sie lief davon. Und sie kam nicht wieder.

Justus Keller aber schüttelte den Kopf.

Begeisterung schien die Ankündigung seiner geplanten Heirat mit Eva Brüning nirgends hervorzurufen.

„Aber schließlich", brummte er und stand auf, um sich seine Löwen aus verschiedenen Richtungen her anzusehen, „bin ich der Herr im Hause. Und mit der Zeit werden sie sich alle miteinander schon daran gewöhnen ..."

Es gab wirklich im Hause des Tierarztes Dr. Wienke jede Menge Heidelbeerpfannkuchen, und die kleine, grauhaarige Anna, die während der Sprechstunde die Tür öffnete, die kochte und die Zimmer sauber machte, wenn der Doktor und seine Frau sich um die Patienten kümmerten, hatte wieder mal, wie der Doktor sagte, damit ein Meisterstück geliefert.

„Ich platze gleich", stellte Moni bedauernd fest und wischte sich den blauen Mund mit der Serviette ab, die nun ebenfalls blau wurde.

„Und ich wünschte, ich könnte noch, aber es geht beim besten Willen nicht mehr."

Töffi aber schaffte den Rest, den Anna eben brachte, noch ganz allein. Nicht mehr ganz spielend, aber er schaffte es. Unvorstellbar, daß Töffi irgend was nicht schaffte.

„Er ißt sich Muskeln an", sagte Dr. Wienke, als sie aufstanden und Töffi leicht stöhnte.

„Weil er doch jetzt reitet ..."

Die Mädel machten große Augen.

*„Du reitest, Töffi? Das ist ja großartig!"*

„Reiten, Mensch? Davon hast du ja gar nichts erzählt!"

„Wie ist es denn, sag doch? Vielleicht hätten wir uns statt der Räder von Paps Reitstunden wünschen können. Na ja, wäre vielleicht schwieriger gewesen, aufs Reiten zu verzichten als auf unsere neuen Räder..."

Christoph fand das auch.

„Ist nämlich prima. Wirklich, große Klasse. Beim erstenmal habe ich zwar gedacht, ich kann nicht mehr laufen hinterher. Und es war so, als hätte ich krumme Beine... na, wenn ihr wollt, könnt ihr ja mal zuschauen. Ist 'n prima Stall, ganz neu hier in München. Irische Pferde, ich zeig's euch mal!"

Doch Frau Wienke, die immer fröhlich war und mit Vorliebe Hosen unter ihrem weißen Kittel trug, die für jeden Patienten und jeden Menschen immer ein nettes Wort fand, wehrte ab. „Nur bitte nicht heute, Töffi. Ich meine, die Mädchen sind einfach mittags nicht heimgegangen, und wenn ihr mich nicht so gebettelt hättet, würde ich wenigstens bei euch angerufen und Bescheid gesagt haben. Aber ich habe wirklich Angst, euer Paps sorgt sich schon, und die gute Berta hat das eigentlich auch nicht verdient, daß ihr sie mit dem Geburtstagsessen sitzenlaßt. Den Kasimir kann Töffi euch im Körbchen nach Hause transportieren..."

Die Zwillinge sahen sich leicht betreten an. Der Paps, ja sicher, aber die Berta...

„Die Berta hat's nicht verdient. Aber Paps? Er wird schon sehen, was er hat, wenn er die heiratet! Uns hat er nämlich dann gesehen, Ehrenwort!"

Die alte Berta rieb sich die Nase. Aus der Küchentür roch es bis in den Garten nach Kaffee, oder besser: nach Mokka. So, wie ihn der Herr Professor nach Tisch gern trank. Und wie sie ihn jedesmal machen mußte, wenn dieses Fräulein kam. Fräulein Brüning. Eva Ilona Brüning. Die mit dem großen Möbelgeschäft im Hintergrund. Und mit dem entsprechenden Geld natürlich auch.

„Ist nicht so besonders fein", brummelte Berta und hängte ein paar Sommerkleider der Zwillinge auf die Leine neben dem Haus, „wenn einer so recht merken läßt, daß er Geld hat. Und der Angeberwagen. Und erst das Riesenviech von Dogge. Kannst jedesmal Angst haben, daß dieser Cäsar von ihr unsere Dackel verschlingt..."

Berta lief zurück in die Küche. Sie setzte sich hin, weil ihr die Beine weh taten, und die Jüngste war sie auch nicht mehr. Sie trank ihren Kaffee, der inzwischen abgekühlt war.

Aber den Apfelkuchen sah sie bloß kopfschüttelnd an. „Wo sie nur bleiben, die Mädel. Die werden doch nicht gleich auf und davon sein, bloß wegen der da drinnen?"

Doch da schoß ein schwarzer Schatten ins Küchenfenster hinein, fast genau in die Kaffeetasse und mitten auf den Kuchen.

Die Berta sprang erschrocken auf, und der Kaffee schwappte über die rotweißkarierte Decke.

„Ja, Kasimir, wo kommst denn du her, du Bazi!"

Drei Gesichter erschienen in der offenen Küchentür, alle drei mit auf die Lippen gelegtem Zeigefinger.

„Pst!" flüsterte Christine. „Wir haben ihn mitgebracht, und gegessen haben wir auch schon, bei Töffi. Aber dem Fräulein Brüning etwa guten Tag sagen, noch dazu mit Knicks, nee, das kommt nicht in Frage, und bestimmt nicht am Geburtstag. Du – der Töffi kann reiten!"

Christoph wehrte heftig ab.

„Richtig reiten noch nicht. Aber ich habe gerade angefangen zu lernen. Und da dachte ich, ich zeige den beiden mal die Pferde. Damit der Geburtstag nicht ganz Sense ist..."

„Sense", flüsterte die Berta mißbilligend und vertauschte die nasse Tischdecke mit einer frischen. „Was ist 'n das für'n Ausdruck: Sense. Wenn ich mir auch schon denken kann, was du meinst. Und was ist mit dem Mittagessen?"

„Essen wir abends, wenn das Fräulein Eva Ilona Brüning weg ist. Aber wenn sie denkt, sie muß zur Feier von unserm Geburtstag dableiben, kannst du ruhig trockenes Brot und Kamillentee auf den Tisch tun. Unser Geburtstagsessen kriegt die nicht!"

Berta schüttelte den Kopf. Lausemädel waren die schon, alle beide. An denen waren direkt zwei Buben verloren gegangen.

„Na, denn haut ab, aber leise. Und du, Kasimir, komm mal her. Bißchen Milch? Siehst du, die schmeckt wieder."

Die Berta klapperte mit der Bleschschüssel und der Milchflasche und blickte wie ein ahnungsloser Engel auf, als wenig später das Gesicht von Professor Keller in der Tür zur Diele erschien.

„Dachte doch, ich hätte die Kinder gehört! Oder habe ich mich getäuscht?"

Bertas dickes, gutmütiges Gesicht mit den himmelblauen Augen unter dem angegrauten, zu einer Zwiebel hochgebundenen Haar wurde leicht rot.

„Die Kinder? Ach so ja, die! Ja, die waren schon da. Bloß jetzt sind sie wieder weg."

Da erschien er denn doch ganz in der Küche, der Professor. Und schüttelte den Kopf.

„So, so, schon wieder weg. Und haben gar nichts gesagt, weshalb sie nicht heimgekommen sind? Und sind einfach wieder weg? Das hätten Sie sich doch selbst denken können, Berta, daß man mich da hätte fragen müssen!"

Doch die Berta schnaufte nur und begann, Gläser trocken zu reiben, die längst trocken waren.

„Na, sonst sind Sie doch auch nicht so mit fragen. Ich meine, am liebsten ist es Ihnen doch, wenn Sie nicht gestört werden, Herr Professor. Und gegessen haben sie schon, beim Christoph. Und jetzt waren sie ... na ganz verrückt vor Freude einfach, weil der sie mit zu Pferden nimmt. Er reitet nämlich, der Töffi, und da waren unsere beiden nicht zu halten."

„Reitet? Und die Mädel ganz verrückt? Hm. Das ist vielleicht gar keine schlechte Idee! Um ganz ehrlich zu sein,

Fräulein Brüning findet nämlich, Schliff könnte den Zwillingen nicht schaden. So mit Handkuß und immer tipptopp. Und Ballettstunde und Fechten. Ich glaube, reiten hat sie auch gemeint. Na, ist gut, Berta. Aber wenn sie später wiederkommen, lassen Sie sie bitte nicht wieder durchbrennen, sonst ..."

Was sonst geschehen würde, sagte er nicht.

Berta grübelte auch nicht darüber nach.

Ach was, der Professor – so jung und schon so 'n berühmter Bildhauer, der an der Kunstakademie unterrichtete und zu dem immer wieder Leute kamen, der war ein grundguter Mann. Anspruchslos für sich, großzügig zu anderen. Der lachte gern, und wenn er im Atelier arbeitete, gab's für ihn die übrige Welt nicht mehr.

Ein Jammer, daß seine Frau so früh gestorben war. Aber so eine, die immer nur bestimmen wollte und sich so kalt und vornehm gab wie das Fräulein Brüning ...

„Hübsch ist sie zwar, Kasimir", stellte Berta abschließend fest. „Bestimmt 'ne ganz schöne Person. Aber da innen drin ist nischt mit ihr los. Und darauf kommt's an, verstehste? Auf die inneren Werte. Und da fehlt's, und zwar ganz gewaltig. Sollte einer nicht glauben, was'n erwachsener Mann für Fehler machen kann."

## *Erste Bekanntschaft mit Ponys*

Die Mädel sprangen vom Rad und folgten Töffi, der das Eisentor mit der Aufschrift „Tor bitte stets sorgfältig schließen" aufsperrte und, als sie das verwilderte Grundstück betreten hatten, wieder schloß.

Dichtes Gebüsch und alte Bäume verdeckten halb ein altes Bauernhaus mit angrenzenden Stallgebäuden.

„Die Pferde laufen nämlich manchmal frei rum", erklärte Töffi und lehnte die Räder an die Hauswand. „Vor allem heute. Montags ist Ruhetag, da wird nicht geritten. Da helfen wir bloß alle, weil sie doch nur den alten Gustav hat."

Daß die Pferde frei herumliefen und vielleicht jeden Moment eines um die Ecke biegen konnte, war aufregend, aber auch leicht beunruhigend.

„Na, sie werden uns ja nicht gleich fressen", stellte Christine fest. „Auch wenn Pferde ziemlich groß sind."

Und tatsächlich, da kam doch eins um die Ecke gelaufen, ein Grauschimmel mit dichter Mähne, die ihm bis über die Augen hing. Töffi aber stieß einen Freudenruf aus.

„Das ist Olaf. 'n Wallach. Den hab ich schon dreimal reiten dürfen. Komm mal her, Dicker. Ich habe nämlich Zucker dabei." Der Grauschimmel äugte, stieß ein kurzes, fröhliches Wiehern aus und kam herübergetrabt. Christine kämpfte mit sich, ob sie sich lieber hinter Töffi in Sicherheit bringen sollte. Aber da Monika einfach stehenblieb und abwartete, tat sie das auch. Schließlich war sie eine Stunde älter, da konnte man sich doch keine Blöße geben.

„Der ist gar nicht so riesig", fand sie, während Töffi auf der flachen Hand dem Pferd Zuckerstückchen gab.

Töffi klopfte den Pferdehals mit der freien Linken und kraulte die Mähne.

„Sind ja auch Ponys, die Pferde hier. Immernhin, fast sind sie so groß wie richtige Pferde. Stockmaß bis einssiebenundvierzig." Aber Töffi fand dann doch, daß er soviel Pferdeverstand bei den Mädchen nicht voraussetzen durfte.

„Das heißt, ihr Rücken ist bis 1,47 m hoch. Manche sind auch bißchen niedriger. Aber für Ponys doch wieder ziemlich groß." Er kraulte den Wallach noch eine Weile, dann machte der kehrt, und Töffi zog die Mädel mit.

„Mal sehen, ob's was zu helfen gibt ..."

Auf einem kleinen Reitplatz und der angrenzenden Wiese tummelten sich eine Menge Pferde, Schimmel, Falben, Braune und auch eine Rappstute.

„Die Cinderella kriegt ein Fohlen", erklärte Töffi, und er genoß es ein bißchen, Fachmann zu sein. „Und die Blondie, die falbe Stute da drüben, auch." Vor dem Stall stand ein Lastwagen, und oben zwischen Strohballen schob ein junges Mädchen in Reithosen und braunen Stiefeln mit der Mistgabel die Ballen vom Wagen. Ein alter Mann, weißhaarig, mit einer zerknautschten Mütze auf dem Kopf, schleppte und zerrte das Stroh davon.

„Tag, Fräulein Woermann", rief Töffi. „Können wir was helfen? Moni und Christine wollten nämlich gern mal die Pferde sehen, und wenn wir schon da sind, könnten wir ja vielleicht was tun!"

„Tag, Töffi. Und Tag, ihr beiden! Ja, wenn ihr Lust habt... ich bin um jede Hand froh, die mal mit anfaßt. Zehn Pferde machen schon allerhand Arbeit! Auch Ponys, wenn sie auch weniger brauchen als andere Pferde."

Anke Woermann sprang vom Wagen und legte Monika und Christine die Hand auf die Schultern.

„Mögt ihr Pferde? Ihr kennt noch keine? Na, paßt mal auf, bald werdet ihr euch gar nicht mehr vorstellen können, daß ihr es mal ohne Pferde ausgehalten habt. Besonders mit unseren Connemaras geht's fast jedem so. Die kommen aus Irland, und dort leben sie ganz wild, sind bei Wind und Wetter draußen und sind sehr anspruchslos. Ganz besonders nette Burschen und sehr gutartig. Ihr werdet es schon sehen. Mal schauen, ob ich für euch Kittel habe."

Und wirklich, es fanden sich zwei graue Stallkittel, und kurz drauf schleppten die Mädel Strohballen in die Scheune und Wassereimer in den Stall, und Töffi breitete das Stroh in den Boxen aus und fegte dann die Stallgasse.

Und als später Fräulein Woermann Speckbrote brachte und eine große Kanne mit Milchkaffee, da war's, als hätten sie schon immer hier dazu gehört.

„War ein richtig pfundiger Geburtstag", bekannte Monika. „Was, Christine, das hätten wir heute früh gar nicht gedacht!"

Fräulein Woermann aber schaute auf.

„Was denn: Geburtstag? Ihr beiden habt heute Geburtstag? Na, dann habt ihr jeder eine Reitstunde gut. Wann immer ihr wollt – nur Montag haben wir Ruhetag, und Sonntagnachmittag ist ebenfalls kein Betrieb. Höchstens Besuchsstunde für meine guten Freunde. Und da gehört ihr jetzt auch dazu ..."

„Na, ihr", war alles, was Berta sagte.

Und dann noch: „Hoffentlich eßt Ihr meinen Apfelkuchen jetzt am Abend. Und Kartoffelsalat mit Mayonnaise und Würstchen habe ich auch noch gemacht. Denn das Mittagessen können wir ja bis morgen lassen, das schmeckt auch morgen mittag noch ..."

Kartoffelsalat mit Mayonnaise! Christine stieß: „Klasse" heraus, und Moni schielte vor Begeisterung.

Vier Arme umhalsten die gute alte Berta.

„Du bist die Aller-Allerbeste. Und dann kommt noch lange nichts. Und dann ... doch, vielleicht Fräulein Woermann. Du, die ist 'ne Wucht, Berta, einfach prima ist die. Und die Pferde ..."

Jemand hinter den Zwillingen räusperte sich.

Und als sie sich erschrocken umsahen, stand da Paps. Er war nicht im schmierigen Kittel, den er im Atelier trug. Er hatte eine graue Hose an und ein wollenenes graues Hemd und die Pfeife im Mundwinkel und grinste verlegen.

„Tut mir leid, daß ich nicht auch irgendwo komme. Berta, na, das verstehe ich. Aber ein Fräulein Woermann kenne ich nicht ..."

„Die ist Klasse!" schrie Moni. Und Christine zuckte die Achseln. „Bis heute haben wir die auch nicht gekannt. Aber Töffi hat gesagt, er nimmt uns mit zu den Pferden, weil's so ein verpatzter ..., ich meine, kein schöner Geburtstag war. Jedenfalls die ist nett, und sie hat Pferde, das Fräulein Woermann."

Und da erhellte sich das Gesicht von Paps.

„Also hört mal, ihr beiden. Sehe ich ein. Hat Eva ... ich meine Fräulein Brüning, auch gesagt: Fechten, Ballett, Reiten ... dann lernt in Gottes Namen reiten, und damit es doch 'n Geburtstag ist, kriegt jeder von euch jetzt auf der Stelle einen Gutschein für zehn Reitstunden. Einverstanden, ihr zwei?"

Paps hatte sich nicht mehr zu beschweren. Diesmal war er es, der umarmt wurde und abgeküßt. Und dann gab's Kartoffelsalat, und die Mädel erzählten.

Von Anke Woermann erzählten sie. „Die hat zehn Pferde und Gustav. Und Geld hat sie keins, und da helfen alle. Und Speckbrote, also ehrlich, Berta, die Spreckbrote waren wunderbar. Und wir gehören von jetzt an mit zur Familie, hat sie gesagt, und zwei Stuten fohlen in ein paar Tagen, und ..."

Es wurde doch noch ein großer Geburtstag. Mit Pfirsichbowle, und die war mit viel Sprudel angesetzt und schmeckte prima. Und die neuen Räder probierten sie auf dem Rasen aus, und vom Apfelkuchen fraßen die Dackel schon wieder mit. Denn wie schlecht ihnen von der Geburtstagstorte gewesen war, das hatten sie inzwischen vergessen. Und das letzte Würstchen bekam Kasimir. „Mensch, so wie wir leben, das ist einfach 'ne Schau", stöhnte Christine. Paps hatte Lampions aufgehängt, spielte Gitarre, und sie sangen alle wunderschön laut und – wenigstens Paps – nicht ganz richtig.

„Uns fehlt überhaupt nichts, uns geht nichts und niemand ab ..."

Aber dann biß sich Christine doch auf die Lippe.

Nachdem Paps so nett war, wollten sie ihm nicht ausgerechnet jetzt das Fräulein Brüning unter die Nase reiben.

„'n andermal", flüsterte sie, als Moni murmelte: „Mach weiter, gibt's ihm nur!"

„Lieber 'n andermal. Heute ist ja doch Geburtstag!"

*

Berta machte ein vorwurfsvolles Gesicht und klopfte gegen ihre Armbanduhr. Paps hatte sie ihr zum letzten Weihnachtsfest geschenkt, und sie war aus Gold.

„Also womit ich das verdient habe", sagte Berta und schloß das Gartentor hinter den Mädels, „das weiß ich nu' wirklich nicht. Gestern laßt ihr mich glatt mit'm Geburtstagsessen sitzen. Und heute – bloß 'n Glück, daß Paps nicht da ist! Der trifft sich in der Stadt mit der Dame. Und heute ist schon alles ganz zerkocht, und ob das nun noch so schmeckt . . ."

Die Mädel schoben die Räder in die Garage – heute hatten sie die neuen, piekfeinen weißen genommen, die Geburtstagsräder, und waren auch entsprechend aufgefallen.

„Mensch, Berta. Ist ja egal, wie's schmeckt. Wir essen's schon, und die Dackel und Kasimir helfen bestimmt mit. Aber wir mußten nachsitzen. Ist ja klar, wie und wann hätten wir denn gestern Hausaufgaben machen sollen. Und die mußten wir jetzt nachmachen. Ganz gut, daß Paps nicht da ist. Der muß ja schließlich nicht alles wissen . . ."

Berta drückte die Zwillinge an sich, an ihre ganze runde Gutmütigkeit, und schüttelte den Kopf.

„Ihr seid schon paar solche, nee, wirklich! Gar nicht auszudenken, was ich machen würde, wenn ich euch nicht hätte. Na, und Paps, wenn der mal streng ist, dann tut der doch bloß so. Nur das Fräulein Brüning –, na ja, die braucht das ja schließlich nicht zu erfahren!"

Das Huhn mit den Eierschwämmchen und den Erbsen schmeckte noch immer bestens.

Später hatte Berta noch „Apfelküchli", in schwimmendem Fett rausgebacken, und trank ihren Kaffee, während die Mädel ihre Hausaufgaben machten.

„Wenn es nach mir ginge", sagte Berta und qualmte ihre Zigarette dazu, „brauchtet ihr ja keine zu machen. Aber lernen müßt ihr immerhin was, und wenn ich mich nicht drum kümmere, auch wenn ich kein Englisch kann und so Zeugs, dann feuert mich Paps . . ."

*Berta drückte die Zwillinge an sich ...*

Und da ging das plötzlich ganz schnell und ganz leicht. Und danach gab es kein Halten mehr.

„Fräulein Woermann hat uns nämlich jedem 'ne Stunde Reiten geschenkt, Berta, und wir brauchen riesig viel Zucker für die Pferde. Na, und was die aus der Klasse sagen würden, wenn die 'ne Ahnung hätten, daß Töffi mit uns dahin geht, und überhaupt ... die himmeln den doch alle an. Und der mag bloß uns. Das heißt, ob er uns mag? Immerhin hat er uns mit zu den Pferden genommen!"

Und Berta fand sich allein, mit dem Kaffee, den Zigaretten, den Dackeln und Kasimir.

Und sie fand, die wettervergilbte Hollywoodschaukel und die restlichen Apfelkücherl, dazu das Gealbere noch im Ohr, das war gar kein so schlechter Nachmittag.

Sommerkleider bügeln und die paar nichtbügelfreien Oberhemden vom Herrn Professor?

„Morgen ist auch noch 'n Tag", brummelte sie und schlief ein, Kasimir auf dem Bauch, die Zeitung in der Hand, während die Dackel die letzten Zuckerkrümel vom Boden leckten.

## *„Fohlen sind reizend"*

Eva Ilona Brüning schloß gerade die Autotür ihres Sportwagens zu, als es heftig um die Ecke klingelte und zwei weiße Fahrräder vor dem Gartentor hielten, an dem sie eben läuten wollte.

Zwei Figuren, schmutzig, mit zerzausten Haaren, in zerkrumpelten und verwaschenen Niethosen, stiegen ab.

„Tag", sagte die eine, und da sie blonder als die andere war, zweifellos Christine.

„Tag", die andere, dunklere, mit feindseligem Blick. Monika.

„Ihr seht ja reizend aus", sagte Eva Ilona Brüning.

„Ich möchte nicht wissen, was euer Vater sagen wird, wenn er euch so sieht."

Aber zwei Nasen hoben sich hochmütig und aufsässig.

„Paps? Der hat uns doch die Reitabonnements geschenkt! Und der findet's prima, daß wir gleich anfangen."

Fräulein Brüning beschloß zu klingeln, da die Mädchen keine Anstalten machten, das Tor aufzuschließen.

„Ihr wollt doch nicht behaupten, daß ihr in solchem Aufzug reitet? Lachhaft. Vom Reiten verstehe ich schließlich was, ich habe das silberne Reitabzeichen und schon einige Dressuren gewonnen! Aber da sieht man anders aus!"

Aus dem rückwärtigen Garten kam schlaftrunken die Berta herbei, die Dackel kläfften, Kasimir stand oben auf den steinernen Pfosten, die das alte Tor umrahmten, und machte einen Buckel.

„Habe ich einen Schlaf", stieß die Berta hervor. „Nun sagt mal, ihr beiden, habt ihr 'nen Schlüssel oder habt ihr keinen! Dann seid doch endlich so freundlich und sperrt mal auf, wenn Besuch da ist..."

„Besuch..." Fräulein Brüning schüttelte den Kopf.

Der Berta Manieren beizubringen, war wohl sinnlos. Da gehörte ein Hausmädchen her mit weißer Zierschürze und eine Köchin. Und eine Miß zu diesen langbeinigen Zwillingen. Noch besser, man steckte sie in ein Internat.

„Besuch bin ich doch wohl kaum", sagte sie und hob den Kopf sehr hoch. „Der Professor und ich wollen zu einer Ausstellungs-Eröffnung. Ich wollte ihn lediglich abholen. Und Sie, meine Liebe, sorgen Sie doch bitte dafür, daß die Mädchen nicht in einem solchen Aufzug herumlaufen..."

„Rumlaufen?" Christine blickte Monika auffordernd an.

„Rumlaufen? Ausgemistet haben wir und neu eingestreut. Und die Ponys gestriegelt, und geritten sind wir außerdem noch..."

Fräulein Brüning blieb stehen.

„Darf ich mal fragen, was für ein Reitstall das ist, in dem die Reitkunden als Pferdeknechte arbeiten?"

Doch die Berta wischte sich den Schlaf aus den Augen und sah plötzlich aus wie eine wütende Bulldogge.

„Wird schon recht sein, wo die Mädel reiten. Ponys, irische, sind das. Und der Herr Professor hat jeder von den beiden zehn Stunden geschenkt. Und zu Hause ist der Herr Professor nicht, das heißt, nicht für Besuch. Und auf die Ausstellung werden Sie wohl leider allein gehen müssen, weil er gesagt hat: „Gestört werden will ich nicht, Berta, und wenn der Kaiser von China kommt!“

„Also – der bin ich wirklich nicht“, sagte Fräulein Brüning hochmütig und sperrte ihren Wagen wieder auf.

Irgendwo klingelte ein Telefon. Doch Professor Keller warf sich auf die andere Seite der ausgebeulten Couch im hintersten Teil seines Ateliers und schnarchte weiter.

Nie schlief man so gut, wie wenn man eine neue Arbeit mit Erfolg begonnen hatte. Ein Riesen-Brunnen, hatte es geheißen. Ein großartiger Brunnen muß das werden. Für einen großen, freien Platz. Viel Wasser, das glitzert und in Fontänen in die Luft springt.

Da hatte man eben, mit viel Kaffee und ein paar Schnäpsen, sich an den Entwurf gemacht. Und dann plötzlich eine Idee gehabt.

Das da drüben – und der Professor blinzelte, noch ganz verschlafen, mußte es sein.

Sollte das blöde Telefon ruhig klingeln.

Er setzte sich hoch, rieb sich die Augen und betrachtete das, was vorher bloß ein Tonkloß gewesen war.

Wie komm ich denn auf Pferde an der Tränke, dachte er verwundert. Richtig. Durch die Mädel. Aber nicht schlecht. Durstige Pferde an der Tränke und Wasser, viel Wasser, das aus einem Felsen quillt.

Justus Keller, der hier im Hause stets nur Paps hieß, seufzte verschlafen.

„Den Seinen gibt's der Herr im Schlaf“, brummelte er. „Scheint mir, die Idee ist ganz brauchbar. Blödes Telefongeklingel! Na, endlich ist Ruhe. Mal sehen, wo die Berta steckt. Und 'n kaltes Bier wäre gar nicht so übel ...“

In der Küche lief der kleine Transistor auf voller Lautstärke, Berta sang dazu, und die Dackel heulten zweistimmig, während Kasimir vom Fensterbrett aus aufpaßte, daß Berta den Fleischsalat richtig mischte: drei Bröckchen gewürfelten Schinken, Leberkäs und Fleisch für die Familie, die vierköpfig war, und drei Stück für Kasimir und die Dackel. Die waren zwar nur drei, aber ihre Mägen hatten ein beträchtliches Fassungsvermögen.

Paps ging zum Kühlschrank, holte sich eine Flasche Bier raus und setzte sich zur Berta.

„Riecht gut", murmelte er. „Komisch, daß man da gleich Hunger kriegt. Wo sind denn die Zwillinge?"

In frischen, sauber gewaschenen hellbeigen Niethosen, blitzend vor Sauberkeit und Frische, und mit sauberen Pullis kamen die Mädel die Treppe herunter. Vier Arme umhalsten Paps. „Du bist wirklich 'ne Wucht von einem Vater. Also die Ponys, Paps, da mußt du mit hin! Und Tina ist bloß einmal runtergefallen ..." „Und Moni überhaupt nicht, Paps ..." „Und die Anke, das Fräulein Woermann, hat gesagt, wir hätten so was wie 'n Naturtalent!"

Das Bier schäumte, war kühl und tat gut.

Die Kostproben vom bunten Salat der Berta bezeugten, daß sie eine erstklassige Köchin im Hause Keller war.

„Und Töffi heute in Reithosen! Also wenn die aus der Klasse wüßten, daß wir mit dem zum Reiten gehen."

Paps kraulte die Dackel und gab ihnen, geistesabwesend wie er noch immer war, von dem Fleischsalat.

„Reithosen. Richtig, so was braucht ihr ja wohl auch. Und Stiefel. Na, geht mal morgen mit Berta in die Stadt, ich geb ihr Geld mit. Mir ist da nämlich ein Brunnen eingefallen – mit Pferden."

Die Mädchen schrien gleichzeitig los.

„Mit Connemaraponys?"

Professor Justus Keller zuckte hilflos mit den Achseln. „Was ist'n das? Pferd ist doch Pferd, oder?"

„Eben nicht, Ponys sind ..."

Doch da klingelte wieder das Telefon.

„Verdammte Idioten", brummte Paps. „Können die einen in 'ner schöpferischen Pause, ich meine: wenn einem nun grade mal was einfällt, nicht in Ruhe lassen?"

„Ist bloß der Kaiser von China", brummte die Berta und schnitt erneut Gurken, Äpfel, Kartoffeln und Fleisch, um alles mit Mayonnaise zu mischen, denn der Schüsselinhalt wurde immer weniger statt mehr. Trotzdem sah sie sehr vergnügt aus.

„Wer? Kaiser von China? Kenn ich nicht. Kann ich auch nicht brauchen: Berta, ne Tasse Bouillon oder so was. Und 'n bißchen was von dem Salat da! Ich glaube, die Pferde, da könnte ich noch bißchen was verbessern. Und nicht stören, egal, wer kommt..."

Und draußen war er.

Berta und die Zwillinge aber hielten die Luft an, bis die Tür ins Schloß fiel.

„Habt es selbst gehört, egal, wer kommt", kicherte Moni. Und Christine verschluckte sich fast.

Berta aber lief zum Telefon. Nicht um den Hörer abzunehmen. Sie stellte es vielmehr vom Schreibtisch auf den Polstersessel und legte drei Kissen drauf.

„Schließlich hat er selbst gesagt, er will nicht gestört werden", brummelte sie.

„Und die Türklingel, Mädel, wie wir die abstellen können, wißt ja schließlich auch ihr!"

Es war spät am Abend, und die Zwillinge schliefen noch nicht, sondern kritzelten, in den Betten sitzend, ihre Hausaufgaben. „Rechnen kannst du von mir abschreiben", sagte Christine und reichte Monika ihr Heft rüber, „und mir gib mal bitte die englische Übersetzung her."

Sie kicherten beide, als sie flüsternd in ihren himmelblauen Bauernbetten saßen, an den Fuß-Enden die Dackel.

Das Fenster in der Dachschräge war vorsichtshalber dick verhängt, denn Paps mußte ja nicht unbedingt wissen, daß sie noch auf waren. Na, und schon gar nicht, daß sie erst jetzt die Aufgaben machten.

„Du, ich glaube, er telefoniert", flüsterte Moni, „mach mal Licht aus, ich will mal hören..."

Auf bloßen Füßen tapste sie im Dunkeln zur Tür und öffnete sie einen Spalt.

Richtig. Unten in der großen Diele, die gleichzeitig Wohnzimmer war, telefonierte Paps.

„Was sagst du da, Eva? Aber das ist doch lediglich ein Mißverständnis, sieh das doch ein. Ich habe, als ich Berta den Auftrag gab, mich nicht zu stören, wirklich nicht an die Ausstellungs-Eröffnung gedacht. Der neue Auftrag – das war alles, woran ich dachte. Der Brunnen. Na, und du weißt ja, wie das ist: Eine neue Arbeit, und schon ist mir alles andere egal ... Na, du nicht, natürlich nicht."

Eine Weile schwieg Paps.

„Die scheint ganz schön wütend zu sein", flüsterte Christine. „Paps kommt überhaupt nicht zu Wort ..."

Doch endlich sagte er auch mal wieder was.

„Na, sie ist eine gute alte Haut. Schliff? Du lieber Himmel, darauf kam's bei uns bisher nie an. Englische Miß, Internat für die Mädel? Nun, Eva, das hat ja wohl noch 'n bißchen Zeit. Na bitte, darüber können wir reden ... Also gut. Ich schlage vor, ich ziehe mir noch was an, denn so im Arbeitskittel bin ich kaum stadtfein genug, und wir trinken noch 'n Glas Wein zusammen. Bis dann!"

Der Hörer wurde eingehängt, und die Mädel sahen Paps eine Weile nachdenklich hin- und hergehen. Er steckte sich eine Zigarette an, und sein Haar schimmerte schon ein bißchen silbrig.

„Blöde Ziege", wütete Monika. „Auch noch ärgern muß sie ihn. Wenn ich mir vorstelle, daß die für ganz bei uns einzieht und dann hier auch so angibt ..."

Christine schloß leise die Tür.

„Ich glaube, vorläufig müssen wir an unsere Aufgaben denken. Sonst heißt's wieder nachsitzen. Aber wenn ich könnte, würde ich die auf'n Mond schießen ..."

Sie krochen in die Betten zurück und quälten sich weiter durch die Aufgaben. Genau als sie damit fertig waren, fuhr unten der Wagen von Paps aus der Garage.

„Jedenfalls hat er sie ganz schön warten lassen", stellte Christine befriedigt fest. „Und das gönne ich ihr."

Anke Woermann stieß einen Schrei aus, als Christine und Monika den Rucksack auspackten.

„Mädel, ihr kommt ja daher wie der Weihnachtsmann. Und wir sind mitten im Sommer!"

Äpfel rollten heraus, Möhren, Zuckerstücke, gestrige Semmeln – ein buntes Durcheinander.

„Wir haben mit der Berta unsere Vorräte 'n bißchen geplündert", gestand Christine. „Wir haben ihr erzählt, daß Sie doch erst aufbauen und mit Geld noch knapp sind, und sie meinte auch: zehn Pferde fressen doch sicher 'ne ganze Menge. Denn die Berta – bei uns ist die schon, seit Mami nicht mehr lebt –, die ist auf'm Land groß geworden, und was Pferde fressen, sagt sie, das kennt sie!"

Gemeinsam wurden die Leckereien an die Ponys verteilt, und besonders gut gefüttert wurden natürlich die zwei Stuten, die bald fohlen mußten.

„Eigentlich rechne ich mit beiden Fohlen am gleichen Tag", sagte Anke und kraulte die beiden schon schwerfälligen Tiere am Kopf.

„Ihr glaubt ja nicht, wie bezaubernd solch kleine Ponyfohlen sind ... na, ihr werdet es ja erleben. In zehn Tagen etwa ist es soweit ..."

Doch Christine und Monika sahen sich bekümmert an.

„Ach, schade", murmelte Moni. „In acht Tagen fangen doch die Ferien an. Und da fahren wir immer mit Paps zu Opa an die Nordsee. Ist der Vater von Mami, wissen Sie, der hat da 'n Haus mit so Stroh drauf, Reetdach heißt das. Und 'n Fischkutter und noch 'n Pensions-Haus mit Sommergästen. Aber wir wohnen da nicht. Wir wohnen immer in Opas Haus, und der brät uns Flundern und fängt Krabben. Und ... ja, Seehunde zeigte er uns und Ebbe und Flut ... ist prima bei Opa. Bloß ... wenn Cinderella und Blondie grade Junge kriegen ..."

„Fohlen", verbesserte Anke und lachte. „'n Pferd, vielmehr eine Stute, fohlt, so heißt das. Na, dann seht ihr sie eben erst, wenn ihr wiederkommt. Da sind sie freilich nicht mehr ganz so zauberhaft wie am Anfang! Wirklich, Fohlen mit ihren staksigen Beinen, die sich in der Welt erst zurechtfinden müssen, sind reizend ..."

Christine ließ den Kopf hängen.

„Ob wir Paps sagen, er soll allein fahren? Schließlich fohlen Bessie und Cinderella ja nicht jeden Tag ..."

Moni seufzte.

„Wenn's nach mir ginge, schon. Bloß, wenn er so ganz allein fahren soll, dann tut er mir direkt bißchen leid, findest du nicht? Und daß die Stuten vorher fohlen, das glauben Sie nicht? Oder vielleicht erst, wenn die Ferien rum sind?"

Anke zauste die Mädel an den Haaren.

„Das glaub ich nicht, und das wäre auch ziemlich schlimm, denn dann wäre mit meinen Stuten was nicht in

*Anke Woermann stieß einen Schrei aus, als Christine und Monika ihren Rucksack auspackten*

Ordnung. Na, wenn Ihr meinem Ponystall treu bleibt und nicht wie manch anderer meiner Reitschüler überwechselt nach dorthin, wo's viel schicker zugeht, dann werdet ihr noch manches Fohlen hier erleben."

Und damit ging Anke Woermann ihnen voraus in den Stall, um beim Satteln notfalls zuzugreifen, Gurte fester zu ziehen und ängstlichen Anfängern Mut zu machen.

Ihr Magen knurrte ein bißchen. Denn außer einer Tasse Tee und zwei Äpfeln hatte sie heute noch nichts essen können, und immerhin war es jetzt drei Uhr nachmittags. Doch die Arbeit wuchs einem manchmal über den Kopf, die Pferde gingen vor. Und so einen Reitstall aufmachen, ohne viel Geld, das kostete Zeit, und man mußte auf manches verzichten. Hauptsache, die Ponys fanden Freunde, die Kinder hatten Freude am Reiten und nicht nur die Kinder, auch mancher Erwachsene kam von den drolligen Ponys nicht mehr weg.

„Komm, Dicky, mein Guter", sagte Anke Woermann zu dem Prachtstück ihres Stalles, dem Schimmelhengst, den sie in Irland gekauft und der ihr letztes Bargeld verschlungen hatte. „Zeigen wir ihnen mal, wie man im Sattel sitzen, wie man reiten und mit einem Pferd umgehen muß. Und am Abend, wenn dir der Hafer schmeckt, reicht die Zeit für mich vielleicht doch noch für 'ne Tasse Suppe."

## *Paps fliegt nach Ischia*

Es gab Kartoffelpuffer mit Apfelmus, was eigentlich ein Lieblingsessen war, und Berta schleppte immer neue Platten mit den heißen, fetttriefenden Köstlichkeiten herbei.

„Macht euch drüber, ihr beiden", riet sie, und ihr Gesicht war heiß von der Hitze am Herd und vom Backen, heiß und rot und zufrieden, weil es schmeckte. „Hinterher hab ich bloß noch 'ne Käseplatte."

Die Zwillinge stöhnten. Und auch Paps kämpfte sich mühsam durch die Berge hindurch.

„Berta", japste er, „ein Mann in meinen Jahren muß auf seine Linie achten! Geben Sie mal noch Kaffee her und 'nen klaren Schnaps für mich. Freilich, dann werde ich faul, und eigentlich wollte ich noch an meinem Brunnen arbeiten, weil ..."

Paps brach ab und räusperte sich.

Christine aber stieß Moni mit dem Fuß unterm Tisch an.

„Fang du an", sollte das heißen.

Moni zog die Nase hoch. Als wenn das so leicht wäre. Sie kaute zu Ende und kraulte Kasimir den schwarzen, schimmernden Pelz.

„Ist dir das nicht 'n bißchen langweilig, Berta", fragte sie und gab sich Mühe, daß es ganz beiläufig klang, „wenn du in den Ferien hier so allein bist? Bloß mit den Dackeln und Kasimir?"

„Ach was", wehrte Berta ab und machte sich jetzt selbst über die Reibekuchen her. „Was glaubt ihr beiden denn, wie ich das genieße: mal ausschlafen! Mal Ruhe im Haus. Mal kein Gequengel und keine Sachen waschen und bügeln. Und nicht aufpassen, ob ihr eure Aufgaben gemacht habt oder nachsitzen müßt ... nee, das wird bestimmt 'ne dicke Erholung für mich sein ..."

„Na, so ganz glaub ich das ja nicht", brummte Paps und wischte sich mit der Serviette den Mund so nachdrücklich ab, daß man sein Gesicht kaum sah.

„Eigentlich habe ich mir ja gedacht, diesmal würde vielleicht die Berta mit euch fahren zu Opa Krischan. Sozusagen an meiner Stelle ..."

Drei Gesichter wendeten sich ihm zu, und Paps brauchte lange, bis er mit dem Mundwischen fertig war.

„An deiner Stelle? Meinst du, wegen dem Brunnen? Und du willst die Dackel hüten und Kasimir und fährst nicht mit uns zu Opa und zu den Seehundbänken und mit dem Kutter fischen?"

Monika verkniff sich nur mühsam ein „Au", denn bei Paps' Worten war Christines Fuß ihr ans Schienbein gefahren, daß ihr fast die Tränen kamen.

„Na", brummte Paps wieder und beschäftigte sich sehr intensiv mit einem neuen Kartoffelpuffer, „ich dachte, ihr könnt schließlich auch mal mit Berta fahren. Ich war doch schon so oft dort. Auch wegen Fräulein Brüning ..."

Christine ließ die Gabel sinken, und auch Moni lehnte sich im Stuhl zurück.

„Ach so", sagten beide. Wie aus einem Mund klang es. „Wegen Fräulein Brüning ..."

Da setzte Paps sich hoch und räusperte sich, dann sah er seine beiden Töchter an.

„Also hört mal zu, ihr zwei. Ich habe euch gesagt, daß Fräulein Brüning und ich heiraten wollen. Und daß ihr eine neue Mutter bekommen sollt. Und da ist es doch wirklich nur gut, wenn Fräulein Brüning und ich uns ein bißchen besser kennen, als wenn wir nur hier und da mal ein Glas Wein zusammen trinken, das müßt ihr doch einsehen. Oder?"

Christine gab den Dackeln je einen Kartoffelpuffer, Monika versorgte Kasimir, und Berta löffelte gedankenlos einen Riesenberg Apfelmus.

„Wir sehen gar nichts ein. Schließlich willst ja du sie heiraten", sagte dann Christine sehr kühl.

„Fräulein Brüning ist deine Angelegenheit, Paps. Schließlich bist du ja erwachsen und brauchst uns nicht zu fragen ..."

Aber beide hatten hinten im Hals einen Kloß sitzen.

Die dumme Person! Die brachte es wirklich fertig, daß sie mit Paps ganz auseinanderkamen, und die Berta war schon mehr grün als blaß im Gesicht.

„Danke", sagte Paps trocken, „zumindest dafür, daß ihr mich als erwachsen anerkennt."

Christine stocherte in einem Kartoffelpuffer herum. „Da könntest ja du mit Fräulein Brüning auch zu Opa Krischan fahren", schlug sie vor. „Und wir bleiben mit Berta hier..."

„Blödsinn", knurrte Professor Keller. „Mit Fräulein Brüning... schließlich ist Opa Krischan der Vater von Mami. Das wäre ja geschmacklos. Und außerdem fliegen wir nach Ischia."

„Ischia", wiederholte Monika. „Italien, nich –? So bei Capri da unten. Da war'n wir noch nicht."

„Nee", unterstützte nun auch Monika, „da war'n wir noch nicht."

Und Paps hatte ein feines Ohr. Er hörte den vorwurfsvollen Unterton recht gut.

„Hört mal", sagte er aufgebracht, „schließlich seid ihr Gören ja erst zwölf..."

„Vierundzwanzig. Zusammen. Ich meine, zusammen sind wir vierundzwanzig", erklärte Christine. Da sie eine Stunde älter war, führte sie im allgemeinen das Wort.

„Jede für sich ist zwölf. Und ich kann euch mein Wort drauf geben, daß ich euch noch 'ne ganze Menge von der Welt zeige, bis ihr erwachsen seid. Bisher jedenfalls hat's euch bei Opa Krischan doch immer prima gefallen..."

„Dir auch", seufzte Monika und versuchte, einen auf ihr rosa-weißes Dirndl gefallenen Puffer wieder auf den Teller zu befördern.

„Aber da hattest du ja auch noch kein Fräulein Brüning..."

Paps schenkte sich Kaffee ein. Und einen doppelten klaren Schnaps. Es sah aus, als wünsche er das Gespräch zu beenden. Das Ganze wirkte plötzlich wie „Eltern", wie manche Mädel aus der Klasse sie hatten. Die nicht so nett waren wie Paps. Was hieß, Paps machte ein strenges Gesicht.

„Also hört mal zu, damit wir uns recht verstehen: Ich fahre oder fliege nach Ischia. Und ihr könnt mit Berta zu Opa Krischan..."

Die Mädel blinzelten zu Berta hinüber. Ein besonders glückliches Gesicht machte die auch nicht.

Sie dachte vielleicht auch daran, daß das hieß: das Haus dicht machen. Und die Dackel und Kasimir irgendwo in Pension geben. Oder mit den Dackeln und Kasimir und den Zwillingen an die Nordsee fahren, die weit weg war ...

„Aber wir können auch hierbleiben, ich meine, mit Berta und mit Kasimir und Kastor und Pollux?“ fragte Christine und schob ihren Arm unter den von Paps.

„Weil ... weißt du, Paps, diesmal möchten wir nämlich gar nicht so besonders gern weg. Cinderella und Blondie kriegen doch ihre Babys. Anke Woermann sagt: die fohlen. Und wir möchten doch sooo gern dabei helfen. Weil dann manche in Ferien sind. Und Anke hat überhaupt nie Zeit zum Essen, wegen der Pferde und Unterricht geben. Und der Zaun muß ausgebessert werden ...“

Paps lehnte sich erleichtert zurück.

Na also. Das war doch leichter gegangen, als er gedacht hatte. Und die Berta kriegte langsam auch wieder Farbe ins Gesicht.

„Na, hört mal, dafür gibt's doch Leute ...“

„Das denkst du“, verwies ihn Monika und schob nun ihren Arm unter den noch freien Arm von Paps. „Aber sie muß doch sparen. Ich meine, sie will, daß das 'ne prima Reitanlage wird. Für Ponyfreunde. Eben bloß für die. Und ehe nicht alles so ist, wie sie sich das denkt, sagt sie, trägt sie ihre Stiefel und Reithosen auf und lebt von Luft und Pferdeliebe. Ehrlich, du, wenn die Anke 'n Stück Brot und 'nen Apfel hat ... Hauptsache, die Pferde sind gesund. So möchte ich mal werden. Und so mit Pferden leben, besonders mit so Ponys ... das ist überhaupt das Höchste!“

Paps blickte seine Töchter belustigt an.

„Na also! Dann – von mir aus: bleibt also da. Pro Tag jedem eine Reitstunde. Und für euer Fräulein Reitlehrerin kann die Berta ja vielleicht was tun. Ob die für einen mehr oder weniger mitkocht, ist ihr bestimmt egal.“

Er stand auf, fröhlich, erleichtert, und ziepte seine beiden an den Haaren. Und dann mußte er einen doppelten

Ansturm von Freude und Dankbarkeit über sich ergehen lassen.

„Nun muß ich bloß Opa Krischan noch 'ne Absage schreiben und wie leid es uns tut, und meine Flugbilletts buchen. Und dann mal sehen, daß ich mit meinem Brunnen noch weiterkomme ..."

Er ging zur Tür.

„Bloß mit meinen Pferden hapert es bis jetzt noch ein bißchen ..."

Christine zuckte die Achseln. „Hättest halt Ponys machen sollen. Da könnte ich dir nämlich sagen, was falsch ist ..."

Doch Paps lachte liebevoll und schüttelte den Kopf.

„Ponys ... ich kann doch nicht Ponys nehmen ... Ich brauche Pferde!"

Die Zwillinge sahen sich an.

Der kannte noch keine Connemaras, keine Ponys, die kaum kleiner waren als andere Pferde. Die aussahen wie Wildpferde, die galoppieren konnten, springen wie die Großen, die bestenfalls nur ein paar Zentimeter höher waren ...

„Laß ihn", sagte Christine und hielt Monika zurück. „Wenn wir erst 'n bißchen besser sind, nehmen wir ihn mal mit. Der hat vielleicht 'ne Vorstellung von irischen Connemaras. Der sollte mal Dicky sehen, wenn die Anke mit ihm springt. Oder Olaf oder die anderen ... und überhaupt: jetzt ist doch erst mal wichtig, daß wir nicht wegfahren. Habe ich nicht recht?"

Berta goß sich, von keinem gestört, einen Klaren ein. Und die Dackel bekamen die abgekühlten restlichen Kartoffelpuffer. Kasimir aber hatte sich in den Garten begeben. Mäuse behagten ihm schließlich doch mehr als Kartoffelpuffer. Man mußte nur lange genug auf der Lauer liegen, bis sie sich unbeobachtet glaubten.

*

Töffis Rad lehnte an Ankes Bauernhaus, und Töffi selbst stand auf dem Gerüst, das ein paar Arbeiter eben errichteten, und brüllte: „Servus" herunter.

„Wird neu verputzt nämlich", rief er von seiner Höhe herunter. „Und dann wird ‚Pony-Stall' drangeschrieben. Na, ich komme wohl besser mal runter."

Er kletterte die Leiter hinab, und die Zwillinge schauten ihm mit stiller Bewunderung zu.

„Mensch", murmelte Christine, „ich werde schon vom Zuschauen schwindlig."

„Servus, ihr", griente Christoph. „Wie geht's denn so? Anke sagt, ihr macht euch ganz gut. Und überhaupt ist 'ne Menge hier los. Sie läßt nämlich 'ne Halle bauen. Nicht riesig groß, aber im Herbst und Winter soll der Betrieb ja schließlich weitergehen. Und wenn den Ponys auch kein Wetter was ausmacht, den Leuten um so mehr ..."

Wirklich, auch hinten auf der Wiese waren Leute. Und Lastwagen, von denen Bretter abgeladen wurden.

„Ich soll mich bißchen kümmern, hat Anke gesagt", erklärte Töffi stolz. „Weil sie doch Unterricht geben muß. Und ich ärgere mich kein bißchen mehr, daß ich diesmal mit Paps zu Hause bleibe und bloß Mami allein in unser Haus im Gebirge fährt. Na, die ist da nicht allein, da kommt die halbe Verwandtschaft hin. Aber Paps wird hier dauernd gebraucht ... wenn Cinderella und Bessie fohlen zum Beispiel ..."

Monika reckte sich. Diesmal war es egal, daß sie bloß ein halber Zwilling war.

„Wir auch", gab sie zurück und hob die Nase höher als sonst. „Deshalb fahren wir diesmal auch nicht weg zu Opa Krischan an die Nordsee. Oder stimmt das etwa nicht, Tina?"

Sie stupste Christine in die Seite, und die half weiter. Man mußte den Bengels schließlich ab und zu mal zeigen, was 'ne Harke war. Auch wenn Töffi eigentlich gar kein „Bengel" war.

„Stimmt genau. Drum schicken wir Paps nach Italien mit der, die er uns als neue Mutter andrehen will. Damit er sie mal richtig kennenlernt. Und Berta und die Dackel und Kasimir und wir bleiben hier. Und keine Schule, Mensch, und dauernd hier bei Anke und den Ponys ..."

„Einfach Klasse", ergänzte Moni. Und dann verpaßte sie doch aus lauter Freude Töffi einen Puff, der ihm Respekt vor diesem Mädchen abnötigte.

„Und daß du auch dableibst ... wirklich großartig. Paß mal auf, was das für Ferien werden. Hoffentlich schimpft Paps nicht vorher noch blödsinnig, weil ich bestimmt in Rechnen 'nen Vierer kriege."

„Und ich auch", gestand Christine ohne allzuviel Bedauern. „Aber schließlich sind wir ja doppelt und halbieren unsere Aufgaben ..."

Töffi griente und hakte die beiden unter. „Dann werden's vielleicht bloß Zweier. Und jetzt mal dalli, gleich fängt die Reitstunde an!"

## *Umzug zu Anke Woermann*

Die Mädel saßen – noch in Pyjamas – am Frühstückstisch und rührten in ihrem Kakao.

Sehen richtig „übriggeblieben" aus, fand Berta.

„Nu is' er also fort", sagte sie. „Ich habe ja bis zuletzt gehofft, er überlegt sich's noch ..."

„Oder die kriegt die Masern oder so was", bekannte Christine.

Monika seufzte.

„Mal bloß ein Glück, daß wir die Pferde haben. Stell dir vor, keine Ponys und Paps mit der Dame in Italien ..."

„Heiraten wird er sie doch", sagte Christine. „Ob er nun noch mit ihr nach Italien fährt oder nicht. Aber unsere Mutter wird die nie. Wirklich 'n Glück, daß es die Ponys gibt und Anke. Und Töffi und bald die Fohlen... Eigentlich geht das gar nicht, Berta, daß du die Pferde nicht kennst und Anke, wirklich. Du und wir, wir sind doch 'ne Familie, und ich finde, du kommst nachher mit. Wir haben nämlich versprochen, daß wir in den Ferien arbeiten und die Boxen streichen und alles das. Töffi macht das auch, und ich wette, 'ne Menge aus der Klasse, die mit Eltern und so nach Spanien fahren oder ins Gebirge oder ans Meer oder irgendwohin, die beneiden uns. Schon wegen Töffi. So aufregend finde ich Jungen ja nicht. Aber die Pferde..."

Berta schenkte sich den inzwischen kalt gewordenen Kaffee ein und strich sich umständlich eine Buttersemmel, belegte sie doppelt mit Schinken und dachte, daß sich die Ferien eigentlich gut anließen.

Nicht so allein, wie es sonst immer war. Und nachdem der Herr Professor weg war, konnte man doch mal bißchen mehr die ruhige Kugel schieben. Es mußte nicht alles klappen. Man konnte Zeitung lesen nach dem Frühstück oder sich in die Hollywoodschaukel legen, und wann gegessen wurde, war den Zwillingen ja auch egal.

„Na ja", sagte sie, „ich könnte ja später mal mit dem Bus hinkommen und 'nen kleinen Imbiß bringen. Dann braucht ihr wegen essen nicht extra nach Hause, und ich seh mir die Biester mal an."

„Bring ihnen aber auch was mit, Berta! Du weißt schon, Äpfel, Möhren, alte Semmeln. Denn immer bloß Hafer und Heu –"

„Ich brächte das Zeugs gar nicht runter", gestand Christine. „Und du könntest ja 'nen Kuchen backen oder einen Zopf, für Anke und Gustav. Und irgend was, was gut schmeckt."

Berta nickte. Sie hatte sich bereits in die Zeitung vertieft und merkte kaum, wie ihr die Dackel Stück für Stück die Schinkensemmel abluchsten. Kasimir saß auf Christines Schoß und ließ sich Kakao aus einer Untertasse schmecken. Und an der Marmelade taten sich die Wespen gütlich.

„Eigentlich", meinte Christine und gähnte, denn es war herrlich, nicht in die Schule zu müssen und auch, daß es in Rechnen keinen Vierer, sondern einen Dreier gegeben hatte. „Also eigentlich find ich's ganz schön, daß wir diesmal nicht verreisen. Ich bin Paps nicht mal auf Italien neidisch. Stell dir bloß vor, Moni, was Anke Woermann allein anfangen sollte, wenn alle abhauen, grade jetzt, wo soviel zu tun ist!"

Christine tat schon der Arm weh, und ihre alten blauen Niethosen waren noch ein bißchen blauer als gewohnt. Das kam von Ölfarbe.

„Wir malen die Türen der Boxen weiß-blau", hatte Anke gesagt. „Das ist bayerisch und fröhlich dazu. Und ich bilde mir direkt ein, unsere Ponys werden's mögen, wenn alles frisch und bunt und fröhlich aussieht."

Also malte Christine die Boxen an. Mit Blau. Und kicherte, wenn sie zuweilen Moni am anderen Ende des Stalles werkeln sah. Auch mit einem Eimer voller Farbe, aber mit weißer. Und die hinterließ schon erheblich mehr Spuren auf der blauen Hose. Draußen in der freien Bahn gab Anke Unterricht, und dazwischen rechnete sie ab, bediente das Telefon und gab den Arbeitern Anweisungen.

Schließlich war es zwölf Uhr, und die Arbeiter machten Pause, saßen herum und kippten Bierflaschen und machten sich über die Wurstsemmeln her, die der alte Gustav mit seinem altertümlichen und reichlich wackeligen Fahrrad aus einer nahegelegenen Metzgerei geholt hatte.

„Langt mal zu, ihr zwei", sagte er dann und hielt auch den Zwillingen den Einkaufskorb hin. „Ihr arbeitet auch nicht schlechter als die da draußen."

Damit ließ auch er sich eine Semmel schmecken und setzte die Bierflasche an.

„Bloß für sie selber, würde ich sagen, gilt das überhaupt nicht. Die hat schon langsam nicht mal mehr zum Essen Zeit. Da kann sich einer bloß fragen, wo das mal hin soll..."

Die Mädel hockten sich in die Box der Rappstute Cinderella, die ein sehr liebebedürftiges Tier war und ihnen schon wie eine gute, alte Freundin vorkam. Ein kleiner grauer Ring um die Augen mochte vielleicht schuld sein, daß Cinderella wirklich etwas von einem verwunschenen Prinzeßchen hatte. Und im Gegensatz zu der frechen, falben Blondie, die einen, wenn sie es konnte, gern irgendwo zwickte, war Cinderella sanft und zärtlich und zeigte Freude über jede Möhre, jeden Apfel.

„Anke“, sagte Christine, „ist einfach der beste Mensch, den ich kenne. Ich wünschte bloß, unsere Berta käme endlich. Denn die kocht wie 'ne Eins, Gustav, also so was wie ihre Puffer oder Apfelkücherl kannst du dir nicht vorstellen. Oder, wenn die 'ne Kartoffelsuppe macht, dann sagt Paps immer, das ist keine Suppe, sondern mehr schon 'n Gedicht.“

Der alte Gustav, dessen Gesicht langsam blaurot wurde, denn die Flasche Bier war beileibe nicht die erste, machte ein verklärtes Gesicht.

„Die Dame würde ich gern mal näher kennenlernen. Aber wenn ihr zwei sagt, sie kommt, dann wird sie schon kommen. Und dann verrat ich der glatt meine Lieblingsgerichte.“

„Also, wenn ihr mich fragt: mir ist mein Lebtag nix über ein richtiges ungarisches Gulasch gegangen, scharf und heiß, und dazu Semmelknödel ...“

Da tauchte in der Stallgasse die vertraute gemütliche Erscheinung der Berta auf. Ein wenig außer Atem war sie und trug ganz schön schwer an zwei Henkelkörben.

„Bloß ein Glück“, keuchte sie, „daß mich der Herr Joseph – der von der Reinigung – mit seinem Wagen mitgenommen hat. Weil er sowieso hier in der Nähe wohnt, hat er gesagt, macht ihm das gar nichts aus. Ich hab nämlich gedacht, wo hier fleißig gearbeitet wird, komm ich vielleicht am besten mit Gulasch und Semmelknödeln ...“

Die Zwillinge hielten die Luft an und prusteten los. Und

*Christine strich die Boxen an*

der alte Gustav faßte die Berta um die Taille und schwenkte sie mitsamt ihren Körben in der Stallgasse herum.

„Berta, du bist mein Augenstern“, sang er dazu. „Berta, hab dich zum Fressen gern ...“

Bis Anke Woermann den Stall betrat, ratlos, was der Lärm zu bedeuten hatte, und dann zu schnuppern begann.

„Kinder, riecht das gut ... richtig gut! Um ehrlich zu sein, es riecht nicht nach Wurstsemmeln, die mir langsam im Hals stecken bleiben, sondern ... nach ...“

„Gulasch!" rief Gustav und sah aus wie ein verklärter Weihnachtsmann. „Gulasch kocht sie. Na, wenn's nur halb so gut schmeckt, wie es riecht, Fräulein Berta ... dann denk ich auf meine alten Tage glatt noch ans Heiraten!"

Christine war als erste wach, und ehe sie noch die Augen öffnete, fiel ihr der ungewohnte Geruch auf: Heu, Stroh und Pferde. Es war nicht das, was einem beim Aufwachen zu Hause in die Nase stieg.

„Du, Moni", flüsterte sie. „Bist du schon wach? Mensch, du, wir schlafen ja im Stall ..."

Ein Gähnen wurde laut, und es krachte, aber nicht so, wie es klang, wenn jemand sich im weichen Bett noch mal umdreht.

Es waren Feldbetten, die Anke in der Sattelkammer aufgestellt hatte. „Da ist Platz genug, ihr beiden. Probiert mal aus, wie euch das schmeckt, hier schlafen und in aller Frühe raus. Schließlich ist es euer Wunschtraum, warum soll ich euch den nicht erfüllen! Ihr wart gestern so fleißig. Außerdem sind es Ferien. Und – ich habe auch mal so angefangen. Mit Stallarbeit in den Ferien und meine ersten Reitstunden selbst verdienen. Also bitte!"

„Ich bin nicht ein einziges Mal aufgewacht", stellte Moni zufrieden fest. „Und ich find's prima, daß wir jetzt nicht in die Schule müssen, sondern gleich füttern dürfen und tränken und alles."

Die Mädchen kicherten, als sie sich betrachteten. Denn Ankes Schlafanzüge waren ihnen um einiges zu groß.

„Sind alte von mir. Nicht besonders schick, aber dafür weich und gemütlich", hatte Anke gemeint.

Drüben im Stall waren die Pferde schon wach. Eins nach dem andern kam an die Tür der Box und schob die warme, samtige Schnauze durch. Und eins nach dem andern wurde begrüßt. Zaghaft, noch immer, der Schimmelhengst Dicky. In Wirklichkeit war er aber schön lebendig und konnte auch recht frech werden.

„Gleich gibt's Futter", tröstete Moni, weil sie nicht, wie sonst üblich, Zuckerstückchen dabei hatte.

„Bloß erst waschen und anziehen."

Und dann, als das getan war und sie auf die altmodische Weckeruhr schauten, war's erst fünf.

„Egal, jetzt sind wir schon mal auf. Und wenn Anke kommt, die wird Augen machen ..."

Und Anke machte Augen. Denn als sie pünktlich um sechs Uhr in den Stall kam, klang ihr schon das mahlende Geräusch fressender Pferde entgegen, Monika schleppte Wassereimer zum Tränken, und Christine füllte sie.

„Das nenne ich mir saubere Arbeit", rief Anke erfreut. „Da gehen wir mal alle drei ans Ausmisten. Der Gustav hat nämlich gestern bißchen zu tief in die Bierflaschen geschaut, den kriege ich nicht wach. Und wenn wir frisch eingestreut haben in den Boxen, gibt's Frühstück. Bloß – hoffentlich seid ihr nicht enttäuscht, denn so besonders viel hab ich nicht da."

Dann waren die Pferde auf der Koppel, und Anke und die Zwillinge saßen an der Hauswand um den Kaffeetisch herum, und jeder tat, als sei er überhaupt nicht hungrig. Heißer Tee mit Zitrone und ein Rest Bauernbrot, ein Klecks Margarine und ein Eckchen Käse waren ja wirklich nicht gerade fürstlich für drei Frühaufsteher.

„Die Läden machen erst um sieben auf", seufzte Anke. „Ihr tut mir so leid, ihr beiden. Wenig Schlaf, viel Arbeit, und dann nicht mal 'n anständiges Frühstück ..."

Da erklang die Stimme von Töffi, und, einen Rucksack auf dem Rücken, schwenkte er fröhlich um die Ecke.

„Das hat meine Mutter auch gemeint. Daß alle Hunger haben werden und Sie vielleicht nicht genug im Haus haben ..."

Er griente und ließ den Rucksack auf einen freien Stuhl nieder, begann ihn auszupacken und brachte eine Schlackwurst zum Vorschein, Schwarzbrot und Weißbrot, ein Glas

Honig und einen ordentlichen Riegel Käse. Frische Milch folgte, Butter und eine Dose Kakao und zuletzt, ein bißchen angedrückt zwar und glitschig, eine Tüte Eier.

„Au Backe", seufzte Töffi. „Zu Hause waren die noch heil."

„Macht nichts", sagte Anke dankbar. „Gibt Rühreier. Einer darf helfen. Und deiner Mutter bestelle einen schönen Gruß, Christoph: Sie ist eine wunderbare Hellseherin!"

Sie hatten kaum zu Ende gefrühstückt, da kamen die Arbeiter, und das Hämmern und Klopfen ging an allen Enden los. Gustav erschien, noch verschlafen, und kratzte sich verlegen am Kopf.

„Soll so bald nicht wieder vorkommen, Fräulein Woermann! Ich weiß auch nicht, was da in mich gefahren ist. Mehr trinken, als einer vertragen kann ..."

Doch Anke hatte kaum Zeit hinzuhören.

„Ruf deinen Vater an, Töffi! Der Hengst hat eine Kolik ... lieber Gott, wenn das nur gut geht. Mein wertvollstes Tier, ich darf gar nicht dran denken ..."

Sie rieb mit Tüchern den aufgedunsenen Bauch von Dicky und führte den Hengst, der teilnahmslos alles mit sich geschehen ließ, hinten auf der Wiese hin und her.

Bis Töffi zurückkam mit der Nachricht, sein Vater käme in etwa einer halben Stunde.

„Dann führ du ihn jetzt herum, Töffi. Keine Sorge, der ist heute nicht so lebhaft wie sonst, dafür fühlt er sich viel zu schlecht. Er kann einfach nicht ... na, aufs Klo, versteht ihr. Drum ist sein Bauch so aufgebläht. Vielleicht, daß ihm einer zuviel Zucker oder Äpfel gegeben hat. Oder er hat zuviel nasses Gras erwischt ... jedenfalls ruhig hin- und herführen, gut zureden ..."

Anke war ganz weiß im Gesicht. So hatten die Mädchen sie noch nie gesehen.

„Kinder, ihr versteht das vielleicht nicht", sagte sie und schluckte. „Die Pferde sind alles, was ich habe. Familie, so was kenne ich ja gar nicht. Irgendein alter Onkel hat mich in ein Internat gesteckt. Selbst in den Ferien mußte ich da bleiben. Das einzige, daß ich dort reiten lernte. Es war nämlich ein teures Internat. Und als der Onkel starb und ich sein Geld kriegte, da wußte ich bloß eins: Pferde. Ich habe richtig reiten gelernt und alles, was man über Pferde wissen muß. Und dann bin ich nach Irland gefahren und habe Ponys gekauft. Und das alte Grundstück hier ... Bloß bin ich jetzt langsam pleite. Und alles kostet so blödsinnig viel, und wenn auch Ferien sind ... das läuft noch lange nicht so, wie's soll ..."

Anke seufzte.

„Allein die überdachte Bahn kostet ein gutes Drittel mehr, als geplant war, und der Olaf hustet. Ich fürchte, der muß in die Tierklinik ... Also, paß gut auf den Dicky auf, Christoph, und ihr Mädchen sattelt mal Ferry und Douglas und bewegt die ein bißchen, leichten Trab, bitte möglichst keinen Galopp, wenn ich nicht dabei bin. Du lieber Himmel, da ist schon wieder der Baumeister!"

Die Zwillinge sattelten die zwei braunen Wallache und stiegen mit etwas gemischten Gefühlen auf.

Bisher war Anke immer dabei gewesen, wenn sie ritten, und zuviel Ahnung hatten sie ja auch noch nicht.

„Denkt euch mal gar nichts", brummte der Gustav. „Der Ferry ist 'n ganz Frommer, der tut keiner Fliege was zuleide. Und den Douglas, Moni, den mußt du 'n bißchen kurz nehmen. Der scheut leicht mal, wenn 'n Auto vorbeifährt oder 'n Flugzeug die Schallmauer durchbricht und es knallt. Aber ich bin ja da."

Christine ritt im Schritt in die offene Bahn, die nicht besonders groß war. Aber der Boden war weich. Das hatte sie schon ausprobiert, als sie gefallen war.

Moni folgte ihr, und als Ferry zu traben begann, setzte sich auch Douglas in Trab. Die Sattel quietschten ein wenig, und es roch nach Sommermorgen und Pferd und Leder. Plötzlich zwitscherten Vögel in den Bäumen, aber vielleicht hatten die beiden vorher nur nicht drauf geachtet. Mit der Zeit wurde ihnen warm, und die braunen dichten Mähnen der Ponys wehten. Da wagte Monika es doch, ihren Douglas, der ein wenig größer war als Ferry, voranzutreiben, bis sie auf gleicher Höhe mit Christine war.

„Ist Klasse, was?“ stieß sie hervor. „Du, heute merke ich zum erstenmal so richtig, wie schön reiten ist... und ich komme mir gar nicht mehr wie ein Anfänger vor.“

„Geht mir haarscharf genauso. Du, hoffentlich muß Olaf nicht in die Klinik.“

„Und hoffentlich kommt Dr. Wienke bald.“

Doch da fuhr schon der Wagen des Doktors in den Hof, und Anke ließ den Baumeister stehen und ging dem Tierarzt entgegen.

„Wenn ihr euch das Galoppieren zutraut, ihr beiden“, rief sie im Vorübergehen den Mädchen zu, „so wie ihr heute im Sattel sitzt, könnt ihr's wagen!“

Na, wenn das kein Lob war!

Die Berta kam mittags, und diesmal hatte sie sogar die Dackel dabei. Denn der Gemüsemann hatte sie hergefahren. „So einer guten Kundschaft“, sagte der dicke, rotgesichtige Herr Kugelmann, „tut man schon mal einen Gefallen.“

Und dann lud er aus: Äpfel, Pflaumen, Pfirsiche und Birnen. Eine Kiste mit Gemüse, Zwiebeln und Kartoffeln. Und eine weitere Kiste mit so allerhand Kram.

Die Mädchen machten Kulleraugen.

„Butter, Dosenmilch und all so was. Ich hab mir gedacht“, sagte die Berta ein wenig schuldbewußt, denn ob das dem Fräulein Woermann wohl recht war? „Ich kann dann ab und zu doch gleich hier kochen. Einen Herd haben Sie ja und eine Küche... und ich brauch dann nicht die schweren Töpfe immer hin- und herzuschleppen... Und Zahnbürsten und frische Blusen für die Mädel hab ich auch mit, Seife, Waschzeug und so was alles.“

*Karli strahlte vor Freude*

Es war wirklich gut, daß es den Herrn Kugelmann gab, der auch eine sehr nette „Kugelfrau" hatte und einen Sohn, den Karli, der schon fest im Geschäft half und der jetzt, als er die Ponys sah, einen ganz sehnsüchtigen Ausdruck in den Augen hatte.

Anke sah es und lächelte.

„Du, Christoph", bat sie. „Sattele für ihn doch den Ferry nochmal und laß den Karli ein paar Runden reiten. Schritt.

Und beim Traben nimm ihn an der Trense und bleib dabei. Aber – was ein richtiger Junge ist, der muß doch mal auf einem Pferd gesessen haben ..."

Zunächst machte der Karli noch ein ängstliches Gesicht, aber nach ein paar Augenblicken hatte er feuerrote Backen vor Freude, selbst die Ohren wurden rot, und als er schließlich abstieg, mit einem Gefühl, als hätte er krumme Beine, bat er schon drum, den Ferry selbst in seine Box führen zu dürfen.

Herr Kugelmann räusperte sich.

„Das war aber sehr nett von Ihnen, Fräulein. Muß ja wirklich eine Menge Arbeit machen, das alles hier. Und kostet bestimmt auch Geld. Na, ich werde mal mit meiner Frau sprechen, ob wir dem Karli nicht ab und zu eine Reitstunde spendieren, wenn er weiter brav anfaßt und auch fleißig in der Schule ist. Und wenn Sie mal keine Zeit haben zum Einkaufen, dann rufen Sie mich einfach an. Ich bringe Ihnen das Zeug her. Das macht mir überhaupt nichts aus."

Berta hatte sich, bis die Gemüsesuppe fertig war, bereits häuslich in der Küche eingerichtet und Obst, Gemüse, Wurst und Brot, Eier und was alles sonst noch in den Kisten war, in die Speisekammer verteilt.

„Die Rechnung bezahle aber ich", sagte Anke, als sie in die Küche kam und die Zwillinge und Töffi schon mit hungrig erwartungsvollen Gesichtern um den Tisch herumsaßen, flankiert von den Dackeln, denen die blanke Freßgier aus den glänzenden Augen leuchtete. Doch die Berta, appetitlich in eine knackfrische, weiße Kittelschürze gekleidet, fuchtelte mit dem Kochlöffel, und das nicht nur, um ein paar Wespen aus dem Fenster zu vertreiben. Der Duft des als Nachtisch gedachten Zwetschgenstrudels war halt gar so verführerisch.

„Also, nee, Fräulein Woermann! Dann sind wir Freunde gewesen!" widersprach Berta und füllte Gemüsesuppe mit großen Fleischbrocken in die Teller. „Solange Ihnen die

Bande nich' auf 'n Wecker geht nämlich, sind die ja doch dauernd hier. Und wie mir scheint, arbeiten sie auch und haben nich' bloß Flausen im Kopf. Ich würde sagen, das tut denen mal ganz gut."

Anke kam mit Widersprüchen überhaupt nicht zu Wort.

„Nee, Fräulein Woermann. Und Töffi und ich ... von was wollen Sie denn tagelang uns viere und die Viecher da unten am Tisch durchfüttern, wo Sie schon zehn Pferde satt kriegen müssen und dann bald noch die Fohlen und den Gustav. In Ihrer Haut stecken möchte ich im Augenblick nicht ..."

Da gab Anke es auf. Sie zuckte die Schultern.

„Leicht ist es wirklich nicht", sagte sie, „aber ich schaffe es schon ..."

„Na, sehen Sie!" Berta stellte einen besonders liebevoll gefüllten Teller vor sie hin, obwohl Anke die Hände abwehrend hob.

„Ich kann wirklich kaum was essen, glauben Sie mir. Und ich habe auch gar keine Zeit. Ich muß Olaf doch in die Tierklinik bringen, Dr. Wienke sagt, er hielte es für besser, die schauen ihn auch mal gründlich an. Und dann muß ich auf die Bank und Rechnungen bezahlen."

Anke hatte ihren Teller Gustav hingeschoben, der sich heißhungrig darüber machte und Berta von Zeit zu Zeit verklärt anblinzelte.

„Also noch so 'n paar von Ihren Kostproben, und ich mache mein Wort wahr."

Doch Berta wandte sich dem Herd zu, öffnete das Rohr und zog den duftenden goldbraunen Strudel hervor. Pflaumenduft erfüllte die Küche, und erneut erschien ein Wespengeschwader. „Dazu gehören noch allemal zwei", sagte Berta jetzt und verjagte sie wieder.

„Und was mich betrifft, ich habe auch so alle Hände voll zu tun. Mit dem Professor und den Mädchen, mit den Hundsviechern und ... eigentlich tut mir Kasimir richtig leid, so allein zu Hause ..."

„Dann bringen Sie den doch auch noch mit. Mit den Ponys wird er sich schon vertragen. Und 'n freies Bett, wenn Sie nicht dauernd hin- und herfahren wollen, Fräulein Berta, wäre auch noch da. Und nun haltet mir mal 'n Daumen, daß mit Olaf nichts Ernstes ist. Und daß die Bank die Rechnungen bezahlt, langsam wird mir das Geld nämlich arg knapp, und ich wünschte, das alles hier liefe schon so richtig, wie ich mir das vorgestellt habe."

Und erst als Anke fort war, merkten sie alle, daß sie wieder einmal, wie so oft, überhaupt nichts gegessen hatte. Sie hatten alle miteinander ein schlechtes Gewissen, weil sie nicht besser auf Anke aufgepaßt hatten. Die hatte soviel um die Ohren und dachte trotzdem an die ganze Gesellschaft. Und sie? Sie ließen sie einfach so loslaufen.

„Mensch", murmelte Töffi. „Wenn wir der bloß helfen könnten."

Und damit sprach er allen aus der Seele.

„Heben Sie dem Fräulein Woermann bloß ordentlich Essen auf", ermahnte sogar Gustav mit einem verzichtenden Blick auf die Kochecke.

„Nicht daß es uns – na und vor allem mir – zu gut schmeckt, und dann ist nichts mehr für sie da!" Er stand umständlich auf, kraulte die Dackel.

„Dann will ich mal ... Wenn nämlich heute jemand reiten will, muß der alte Gustav Unterricht geben. Na ja, so ganz aus der Übung ist man ja nicht gekommen. Wenn ich so denke, früher: Kavallerieschule Hannover. Und denn in 'nem Gestüt und in 'nem Privatstall. Man ist mit Pferden alt geworden, und ohne könnte einer dann auch gar nicht mehr sein. Wenn sie's bloß schafft, das Fräulein Woermann. Na, wie gesagt, dann woll'n wir mal!"

## *Das schöne Geheimnis*

„Also wißt ihr", sagte Christine, als die Stallgasse blitzte, die Farbkübel im Schuppen Platz gefunden hatten und der Stall, frisch geweißt und mit frisch gestrichenen Boxen, wie neu aussah, „das sollten mal die Leute sehen, wie es jetzt hier aussieht. Ich meine, so Leute, die vielleicht dann auch hier reiten würden. Aber von außen sieht es eben aus wie'n altes Bauernhaus, und vor Bäumen und so sieht keiner viel. Und ‚Ponystall', was können die sich schon darunter vorstellen."

Töffi machte ein nachdenkliches Gesicht.

„Stimmt haarscharf, du. Die müßte eben mehr Reklame machen."

„Macht sie aber sicher noch, wenn hier alles fertig ist", warf Moni ein.

„Ach, Mensch!" Töffi fuhr mit einer Bürste über seine Reitstiefel, dann kam ein bißchen Spucke, ein Tuch und dann wieder die Bürste. Der hatte den Bogen raus, die glänzten einfach toll.

„Bis dahin ist es längst zu spät. Bis dahin müssen die Leute eben schon wissen, daß es so was wie das hier gibt."

„Und bis dahin", überlegte Christine, während sie sich unter dem Wasserhahn Gesicht und Hände wusch, „kann es leicht sein, daß sie gar kein Geld für so was wie Reklame hat. Du weißt doch, Moni, was Paps immer zu uns sagt, wenn im Fernsehen so Reklamezeugs kommt: das kostet 'n Vermögen!"

Sie hockten sich auf zwei Futterkisten und machten ratlose Gesichter.

„Muß ja nicht gleich Fernsehen sein", meinte Töffi. „Zeitung wäre auch ganz schön. Man müßte eben jemanden kennen, der's auch reinbringt. Mit Fotos und so ..."

„Oder Zettel an die Bäume picken. Manchmal seh ich welche, oder an Läden: Zimmer gesucht von Student ..."

„Das ist zu wenig", fand Töffi. „Wer liest denn so was schon. Ich könnte ja meinen Fotoapparat mitbringen ..."

Aber wenn die Bilder dann nicht gut waren?

Plötzlich erhellte sich Christines Gesicht.

„Moni", stieß sie hervor, „der Sonnyboy!"

Monis Gesicht verklärte sich. „Mensch, Tina, du bist Klasse. Paß auf, Töffi: der Sonnyboy heißt natürlich nicht Sonnyboy, sondern hat 'nen richtigen Namen. Fred Geiger, aber Paps nennt ihn Sonnyboy. Und er fotografiert manchmal in dem Atelier von Paps seine Figuren und so Zeugs, und dann erscheint es in Katalogen, aber manchmal auch in der Zeitung ..."

„Und ihr meint", forschte Christoph zögernd, „daß der sofort bereit ist, hier die Ponys zu fotografieren? Und was drüber schreiben müßte der ja auch ... und jetzt, wo alle Leute verreist sind ..."

Die Mädchen mochten sich von seinem Zögern aber nicht anstecken lassen.

„Gar nicht alle Leute. Wir sind ja schließlich auch da. Und du. Und Anke. Und beim Schreiben können wir ihm ja helfen. Hauptsache, wir finden raus, wo er wohnt, und wir treffen ihn an ..."

Die Adresse hatten sie aus dem Telefonbuch, und jetzt standen sie zu dritt vor der Tür einer Hochhauswohnung, im dreizehnten Stock, und klingelten schon zum drittenmal.

„Lieber Gott, mach, daß er zu Hause ist", seufzte Christine, und Moni klemmte die Daumen fest ein. Töffi dagegen wollte eben mit einem vierten Klingeln nachhelfen, als die Tür aufging.

In der Tür stand ein höchst mißmutiger, strubbelhaariger junger Mann, in Pyjama und Bademantel, einen dicken Schal um den Hals. Um ihn im Flur türmten sich Koffer, und statt einer Stimme kam Krächzen aus seiner Kehle.

„Wollt ihr sammeln? Oder ... ihr seid doch die beiden vom Professor Keller?"

„Prima, daß Sie da sind!" Die Kinder ließen sich gar nicht erst bitten, sie drangen einfach ein und kicherten über die Kofferberge.

„Sieht ja komisch aus bei Ihnen, das heißt ... Sie wollen doch hoffentlich nicht verreisen?"

Der Sonnyboy krächzte ein heiseres „Nein".

„Das fehlte noch. Bin grade aus Afrika zurück. Fieber, Grippe ... aber was wollt ihr eigentlich?"

Christine schluckte.

„Am besten gehen Sie ja wohl wieder ins Bett zurück. Denn da werden Sie am schnellsten gesund. Wir brauchen Sie nämlich, Herr Sonny ... Herr Geiger. Wir haben gedacht, wo Sie doch fotografieren können ..."

Doch der Sonnyboy schenkte sich einen Schnaps ein, gurgelte ein wenig damit, schluckte und verzog das Gesicht zu einem Grinsen.

„Fotografieren können ist gut. Ist ja schließlich mein Beruf ... 'n Cola oder 'ne Limo gefällig?"

Dann tranken sie Cola mit Zitrone, und der Sonnyboy hustete und nieste, wie man sich's kaum bei jemandem vorstellen konnte, der grade aus Afrika kam, und hörte sich an, was die Kinder auf dem Herzen hatten.

„Ihr habt ja Ideen: so 'n halbfertiger Betrieb gibt doch nichts her. Und Ponys ... na, wenn es noch Vollblüter wären, Araber ... irgend was Fotogenes ..."

Aber die Zwillinge und Töffi waren zu dritt und konnten reden, ohne von Krächzen und Niesen unterbrochen zu werden.

„Wenn Sie eben bloß die Ponys fotografieren. Vielleicht kennen Sie die Irischen noch nicht, die sind ganz anders, die sind nämlich fast so groß wie richtige Pferde. Nur viel drolliger und lustig, und springen können die! Also wenn Anke auf dem Hengst springt – da halten Sie glatt die Luft an!" sagte Christoph.

„Wo mein Vater Tierarzt ist, da komme ich schon manchmal da und dort hin. Aber Sie halten glatt die Luft an."

Der Sonnyboy grinste und gurgelte einen zweiten Schnaps.

„Was ich bezweifeln möchte. Ich hab noch nie die Luft angehalten. Außerdem arbeite ich lieber für Illustrierte als für Tageszeitungen. Schon wegen der Pinke. Und 'n Texter bin ich auch nicht ..."

Aber direkt grantig sah er nicht aus.

„Noch dazu 'n todkranken Menschen zur Arbeit zwingen ... Ich weiß nicht recht. Aber wir können ja mal so verbleiben: Wenn ich den morgigen Tag noch erlebe, so krank wie ich bin, vielleicht schau ich's mir dann so ganz unverbindlich mal an, das Ganze. Wie gesagt: vielleicht!"

Eisernes Geheimnis. Soviel war ausgemacht.

Christine und Monika kamen sich wie Verschwörer vor, als sie in den Ponystall zurückkehrten.

Im Küchenfenster saß Kasimir.

„Du, Schnuppelchen", schmuste Moni und kraulte ihm den Pelz. „Da jetzt auch du hier bist, kommt's mir direkt vor, als wäre das unser richtiges Zuhause. Ist ja auch keine Art, dich allein zurückzulassen ..."

„Quark mit neuen Kartoffeln", rief Berta ihnen aus einem im ersten Stock gelegenen Zimmer zu, „gibt's zum Abend. Und Buttermilch. Ich beziehe grade mein Bett. Die Matratze scheint aus dem vorigen Jahrhundert zu sein, aber hier ist soviel anzupacken, daß einer schon müde genug ist am Abend und selbst auf dem Fußboden schlafen wird, wenn's not tut!"

Nein, niemand fragte. Und als schließlich Anke heimkam, an ihren großen alten Wagen den leeren Pferdetransporter gehängt, weil Olaf ein paar Tage zur Beobachtung in der Klinik bleiben sollte, legten die Zwillinge nur beiderseitig den Zeigefinger auf die Lippen und schauten sich bedeutsam an. Anke fuhr den Wagen in die Garage und hängte den Anhänger ab. Und Berta ließ ihr Bettbeziehen sein und lief die steile Stiege hinunter in die Küche. Sie fing an, den Ecktisch zu decken und Kartoffeln mit Kümmel zu bestreuen, Schnittlauch auf den Quark zu geben, Butter auszuwickeln und Brot zu schneiden. Das war doch was, wenn's richtig zuging.

Da wußte man jedenfalls, wozu man da war. Bißchen mehr davon wäre zu Haus, beim Herrn Professor, manchmal ganz gut. Na, immerhin, die Mädchen! Und die Dakkelviecher! Und der Kasimir... aber es hätte ruhig mehr sein dürfen, mehr Betrieb.

Christine und Monika kämmten sich die Haare und richteten die Feldbetten für die Nacht her. Anschließend kontrollierten sie noch mal die Boxen. „Saubere Arbeit macht ihr", sagte der Gustav, der seit einer Stunde an nichts anderes als ans Abendessen dachte. „Was es heut abend wohl gibt? Fragen mag einer ja nicht immer."

„Pellkartoffeln mit Quark", ließen die Zwillinge ihn wissen und gingen nochmal zur Cinderella und zur Bessie in die Boxen. Die waren recht ruhig in den letzten Tagen. Anke kam jetzt auch in den Stall.

„Na, ihr beiden Mamis, wie gehts euch denn? Ein, höchstens zwei Tage noch, dann denke ich, es ist soweit, daß sie fohlen. Und den Olaf wollen sie ein paar Tage dort haben, aber sie meinen nicht, daß es schlimm ist. Dumm bloß, das kostet auch wieder eine Stange Geld. Und eins unserer Ponys fällt aus für den Reitunterricht. Na, wenn schon. Wir haben ohnehin noch viel zu wenig Reitschüler, denn ehe das hier alles fertig ist..."

Da hockte sie, müde, blaß und erschöpft, auf einer Futterkiste und seufzte.

„... solange hat das mit dem Unterricht sowieso nicht viel Sinn. Wir müssen eben durch, egal wie."

Und da stand sie auch schon wieder auf.

„Dann wollen wir mal Kräfte tanken, ich schätze, die Berta wartet schon auf uns!"

Das Fohlen war ganz dunkel, fast so dunkel wie die Stute Cinderella. Es stand auf staksigen, noch etwas wackligen Beinen neben seiner Mutter, die es zärtlich beleckte. Sein Fell war noch naß und struppig, der kleine Körper wohlgeformt, und um die großen, glänzenden Augen zog sich ein hellgrauer Rand. Durch die Stallfenster kam das Licht der frühen Morgensonne, im Stall war es ganz still, und die Mädchen standen barfuß, in Ankes alten Schlafanzügen, stumm vor Staunen.

„Ein Fohlen ... Cinderella hat ihr Fohlen ..."

Christine spürte, wie ihr die Tränen in den Hals und in die Augen stiegen, so daß sie bestimmt kein Wort würde sagen können. Denn plötzlich sah sie alles nur noch wie durch einen Schleier. Und Moni hielt sich an der Tür der Box fest und schluckte.

„So was", flüsterte sie, und ihre Stimme gehorchte nur schwer. „Du, Tina, so was Schönes haben wir noch nie gesehen. Das Fohlen! Cinderella hat ihr Fohlen, stell dir das vor. Und wir haben geschlafen. Nichts gehört! Niemand hat was gehört." Christine streckte Moni eine Hand hin.

„Ich schwöre", stieß sie hervor: „Das vergesse ich mein ganzes Leben nicht. So mir nichts, dir nichts ist da plötzlich ein Fohlen da. Nicht wie 'n Baby bloß, das noch nichts kann: Es steht. Und sieh mal, es schaut uns an."

Sie wußten beide nicht, ob das stumme Anschauen sekundenlang oder vielleicht viele Minuten dauerte.

„Und es ist so hübsch", flüsterte Moni. „Du, ist es nicht bildhübsch?"

Es war bildhübsch, das kleine Fohlen. Und es lehnte seinen kleinen, wohlgeformten Kopf an die Flanke von Cinderella und stakste auf seinen kleinen, zittrigen Beinen einen und noch einen Schritt um sie herum.

„Es kann laufen", brachte Christine mühsam hervor, „und es ist doch eben erst geboren, ein paar Stunden alt vielleicht. Sieh nur, es läuft!"

Es war still im Stall. Die Pferde schliefen nicht mehr. Sonnenstrahlen kamen durch die Fenster.

„Wir müssen es Anke sagen", wisperte Christine schließlich. „Daß die Cinderella ihr Fohlen hat..."

Und dann ging ihr Blick, voll von Mitleid, weil die Falbstute Blondie ja das alles noch vor sich hatte, in die benachbarte Box.

Und da wurde Christine blaß und packte Monikas Arm.

„Du... da..."

Und sie sahen es beide: in Blondies Box lag im Stroh, noch mit angewinkelten Beinen, ein kleines, ganz lebendiges, falbblondes Fohlen und versuchte, von seiner Mutter sanft mit der samtigen Schnauze dazu ermuntert, aufzustehen... ein eben erst geborenes Fohlen, Minuten oder

*Das Fohlen stand auf staksigen Beinen*

auch eine Stunde jünger als das Rappfohlen. Ein rötlichblondes, noch ganz feuchtes kleines Geschöpf mit einem dunklen Rand um die langbewimperten Augen, unsäglich zerbrechlich noch, zart und wehrlos.

Christine liefen dicke Tränen über ihr Gesicht, und Monika ging es nicht anders.

„Blondie", flüsterte Christine, „o Blondie, du hast deins ja auch schon ..."

„Und wir haben geschlafen", stieß Monika hervor. „Und wir haben die Tür offen gehabt und trotzdem überhaupt nichts gehört!"

Langsam, ganz langsam rappelte sich das Falbfohlen hoch. Und schließlich stand es, genau wie das Rappfohlen, auf unsicheren Beinchen und schmiegte sich an seine Mutter, die ihm zärtlich das Fellchen, den Kopf beschnupperte und es ableckte.

„Wir müssen es Anke sagen", erinnerte Moni wieder. Aber die Mädchen brauchten noch eine ganze Weile, bis sie sich von dem Anblick trennen konnten.

Und dann, als sie an Ankes Zimmer klopften und endlich eine verschlafene Stimme „herein" rief, standen sie beide da und brachten sekundenlang kein Wort hervor.

„Die Fohlen ...", flüsterte Christine schließlich, und sie mußte sich noch immer die Tränen abwischen, „die Fohlen sind da. Beide... und sie sind ja sooo schön", ergänzte Moni und heulte los.

„Die sind ja so lieb, so was haben Sie noch niemals gesehen!"

Da sprang Anke aus dem Bett. Im Pyjama und barfuß rannte sie vor ihnen die Treppe hinunter. Und dann standen sie alle drei im Stall.

„Es kommt mir vor wie ein Wunder", sagte Christine leise. „Gestern waren sie noch nicht da, und heute... als wenn das alles nichts wäre ..."

Da nahm Anke beide Mädchen in den Arm und gab jeder einen Kuß auf die Wange.

„Und das ist auch ein Wunder", sagte sie still, ehe sie in die Boxen ging, ganz behutsam und vorsichtig.

„Und wie geht es denn meinen lieben Ponys nach allem? Alles okay?"

Berta war schier am Verzweifeln. Ihr Kaffee, heute „Marke extra gut", stand erkaltet herum, die Spiegeleier waren zusammengeschnurpst, kalt in der Pfanne geworden, die Wurstscheiben fingen in der Sommerwärme langsam zu glänzen an und alles, was ihr treu blieb, waren die Dackel, die in „Habt acht"-Stellung mit aufmerksamen Knopfaugen am Rande des gedeckten Frühstückstisches geduldig warteten. Und Kasimir. Er trug Langeweile zur Schau, putzte sich im Küchenfenster den schwarzglänzenden Pelz und warf einen verächtlichen Blick auf die zwei lächerlichen Hunde am Boden, die nicht wie er mit einem eleganten Sprung leise und unbemerkt auf den Tisch springen und Beute fassen konnten, falls Berta nur mal die Küche verließ.

Doch Berta dachte nicht daran.

Erneut stellte sie die Kaffeekanne heiß, sperrte die Wurst in den Kühlschrank, verfrachtete die kalt gewordenen Eier auf den Herd.

Das Radio spuckte „gut gelaunte Musik" aus, die Zeitung war schon von hinten nach vorn und von vorn nach hinten gelesen. Und noch immer kam keiner zum Frühstück.

„Undankbares Volk", brummte Berta. „Na immerhin, heute haben sie mildernde Umstände..."

Denn einen kurzen Blick hatte auch sie auf die Ponybabys werfen dürfen und sich kaum trennen können.

Inzwischen aber war Dr. Wienke, eiligst herbeigerufen, da, um zu sehen, ob es auch an nichts fehlte, und an der Stalltür hing ein Schild „Eintritt verboten".

Und nicht mal den Gustav trieb der Hunger aufs Frühstück herbei – man sollte es nicht glauben. Dabei war's kurz vor neun, draußen wurde geklopft und gehämmert wie immer, aber man saß da wie bestellt und nicht abgeholt.

„Na endlich", sagte jemand am Fenster, und die Berta fuhr herum, „meine Güte, haben Sie mich erschreckt!"

„Na endlich so was wie ein menschliches Wesen. Dachte schon, ich treffe überhaupt keinen an. 'tschuldigung", und der junge Mann nieste kräftig und fuhr mit seiner Krächzstimme fort, „wo wäre denn wohl die Dame des Hauses?"

Jetzt erkannte Berta den Besucher.

„Herr Sonnyboy, Verzeihung, Herr Geiger, ja was machen denn Sie hier?"

„Ach, das Fräulein Berta. Ja, das gleiche könnte ja ich fragen. Gibts hier 'ne Tür oder soll ich durchs Fenster ..."

Einen Augenblick später spazierte der Sonnyboy durch die Tür herein, in zerdrückten Manchesterhosen, zwei Kameras um den Hals gehängt, genau so wie die Berta es gewöhnt war, wenn er kam, Plastiken vom Professor Keller aufzunehmen.

„Riecht verdammt gut hier nach Kaffee. Kriegt 'n armer Junggeselle eventuell eine Tasse ab? War mir nämlich ausgegangen, vielleicht haben die Zwillinge erzählt, daß ich grade von den Negern zurück bin. Na, und mit Grippe und Fieber einkaufen gehen", krächzte er und ließ sich in der Ecke neben den Dackeln nieder, „ist ja wohl nicht gerade das Richtige."

„Zwillinge erzählt? Haben die Sie denn getroffen?"

„Besucht, meine liebe Berta, besucht haben sie mich. Deshalb bin ich auch hier. Soll was fotografieren, damit der Laden in Schwung kommt. Aber weit und breit kein Pferd oder Pony, Betreten verboten am Stall und bloß Bauarbeiter, na danke. Ich möchte mal wissen, wo ich da 'ne Aufnahme herkriegen soll. Geben Sie mir wenigstens erst mal 'n Schluck Kaffee zum Aufwachen!"

Berta war dankbar, daß wenigstens einer ihre Bemühungen würdigte, und schenkte ein, in die einzelne, doppelt große Tasse, und verfrachtete zwei Spiegeleier auf eine gebutterte Brotscheibe, Pfeffer und Salz drauf, eine Tomate dazu ...

Der „Sonnyboy" ließ es sich schmecken.

„Da sieht man wieder, was mir abgeht", brachte er zwischen Schlucken und Kauen hervor. „'ne Frau im Haus. Aber heiraten, Fräulein Berta ... so sehr hat mich noch kein Mädchen vom Stuhl gerissen, daß ich deshalb gleich heiraten würde." In dem Moment wurde die Küchentür geöffnet.

Anke Woermann kam herein, strahlend, fröhlich und in bester Stimmung.

„Berta! Das Hengstfohlen wie das Stutfohlen, beide großartig in Ordnung. Und auch den beiden Ponymüttern geht's bestens. Haben Sie 'ne Tasse Kaffee für Dr. Wienke? Und für uns vielleicht langsam auch?"

Der Sonnyboy aber, den Anke erst jetzt bemerkte, ließ die Kaffeetasse sinken.

„Mann, Berta", seufzte er begeistert, „also diese Dame würde ich auf der Stelle heiraten. Mädchen, du bist ja Klasse ..."

Anke aber zog belustigt die Augenbrauen hoch, und die Zwillinge, die neben ihr standen, kicherten.

„Nehmen Sie den nicht so ernst, Fräulein Woermann", sagte Christine. „Paps nennt ihn immer den Sonnyboy. Aber sonst ist er wirklich prima. Wir dachten nämlich, auch wenn er die Grippe und Fieber und so was alles hat: Schließlich könnte er fotografieren, und alles kommt in die Zeitung. Und wenn wir richtig viel Reklame machen, dann kommen Sie vielleicht aus den Sorgen raus."

Da lachte Anke hellauf.

„Sorgen? Kinder, wir haben zwei wunderschöne Fohlen bekommen. Und das Wort Sorgen möchte ich für ein paar Stunden nicht hören. Also – was ist mit Frühstück!"

## *Paps findet das Nest leer*

Professor Keller rüttelte an den Haustüren. Es war umsonst. Alle Türen sorgfältig verschlossen, genau wie das Gartentor. Mußte einen reichlich komischen Eindruck machen, wenn man als erwachsener Mann, mit einigem Gepäck beladen, im Mantel über den Zaun kletterte. Zum Glück hatte das wohl niemand gesehen.

Aber im Garten angekommen, ging es erneut nicht weiter. Wo zum Donnerwetter war denn die Berta, wo waren die Zwillinge? Nicht mal einer von den lausigen Dackeln kläffte, kein Kasimir schlich herbei, um einen Buckel zu machen und sich an den Beinen des verfrüht heimgekehrten Hausherrn zu reiben. Und die verflixten Schlüssel ließen sich einfach nicht finden. Alles Rütteln, selbst an der wackligen Ateliertür, blieb vergeblich.

Doch während Professor Keller noch überlegte, ob er die Glasfüllung in der oberen Türhälfte mit einem Stein einschlagen sollte, entdeckte er die Leiter, die an der Garage lehnte.

Wenn er die Leiter anlehnte und im ersten Stock über die Dachschräge versuchte, ob ein Fenster vielleicht nicht ganz sorgfältig geschlossen war, konnte er Scherben vermeiden. Er lehnte die Leiter an, und während er nach oben stieg, überlegte er, wie lange das wohl schon her war, seit er mal über eine Leiter aufs Dach geklettert war.

Wirklich, das Schlafzimmerfenster der Mädchen gab nach. Da unterbrach eine rauhe Stimme den Professor beim Einsteigen in das Zimmer seiner Töchter.

„He, Sie! Was machen Sie denn da?"

Der Professor zuckte zusammen, als habe man ihn ertappt, etwas Unrechtes zu tun, und mit einem Krachen fiel die Leiter um. Nicht den kleinsten Moment eher hätte das passieren dürfen, denn der Professor Justus Keller saß zumindest zur Hälfte im Fenster drinnen.

„Ich breche ein", rief er dem Polizisten zu, der über den Gartenzaun sah, mit einem Blick, als habe er einen vielgesuchten Verbrecher auf frischer Tat erwischt.

„Allerdings in mein eigenes Haus. Ich habe keine Schlüssel bei mir, und offenbar ist keiner zu Hause."

Der Polizist freilich gab sich nicht sofort zufrieden. Er verlangte den Wahrheitsbeweis, und Professor Keller stieg die Treppe hinab, öffnete dem Polizisten erst die Haustür von innen und zeigte ihm durch das noch immer verschlossene Gartentor hindurch die verlangten Papiere.

Aus dem Paß fielen die Schlüssel...

„Na, also", seufzte der Professor erleichtert. „Jetzt kann ich Sie wenigstens hereinlassen."

Doch der Polizist grinste.

„Nicht mehr nötig. Entschuldigen Sie, aber schließlich, es hätte ja sein können."

„Daß ich ein Einbrecher bin, nicht wahr? Ich nehme an, ich sehe auch ganz so aus!"

Ebenfalls grinsend ging er ins Haus zurück.

Im Wohnzimmer schenkte er sich einen Kognak ein.

„Verflixte Bande, wo mögen die bloß sein?"

Doch kein Zettel fand sich, kein Hinweis. Woher aber auch, schließlich konnten weder Berta noch die Mädchen ahnen, daß es zwischen ihm und Eva Brüning Ärger gegeben hatte.

Über Nichtigkeiten. Weil sie dauernd abends ausgehen wollte und er keine Lust dazu hatte. Weil sie jede Menge Bekanntschaften machte und er nicht neugierig auf fremde Leute war... weil... Lauter Blödsinn, brummte er. Als es ihm gar zu dumm wurde, reiste er einfach ab.

Er dachte: Notfalls kann ich noch immer mit meinen beiden zu Opa Krischan fahren. Oder wir denken uns was anderes aus. Oder ich arbeite an meinem Brunnen weiter.

Und nun war niemand da.

Der Kognak schmeckte nicht. Und eigentlich hatte er Hunger. Aber die Speisekammer war ratzekahl leer. Und der Kühlschrank enthielt nur Luft.

Wie hieß denn der verflixte Laden, in dem Berta immer kaufte? Richtig. Kugelmann. Na, der schickte ihm vielleicht das Nötigste zum Leben, während man sich bemühte, nicht an den knurrenden Magen zu denken...

Der Professor suchte die Telefonnummer heraus und wollte eben beginnen, Herrn Kugelmann zu erklären, was er brauchte. Doch der fiel ihm einfach ins Wort.

„Ja, wissen denn Ihre Leute, daß Sie schon zurück sind, Herr Professor?"

„Offenbar nicht", brummte Professor Keller. „Keine Seele da, kein Hund, keine Katz... nicht mal ein Zettel, wo sie sind..."

„Da kann ich helfen." Herr Kugelmann lachte. „Die sind bei Fräulein Woermann, alle miteinander, ich habe grade wieder eine Fuhre Lebensmittel rausgefahren."

Doch der Professor begriff nichts.

„Fräulein Woermann? Mir kein Begriff..."

„Na, das Fräulein mit dem Ponystall..."

Jetzt dämmerte es. Und der Professor schenkte sich einen zweiten Kognak ein.

„Ach, die... na, gehört habe ich von den Pferden schon, bloß wie die Dame heißt, keine Ahnung. Hm, dann werde ich wohl mal dort mein Glück versuchen, meine Familie wiederzufinden. Aber vielleicht bringen Sie mir trotzdem erst was zu essen her, damit ich auf dem Weg nach dort nicht zusammenbreche! Sie müssen mir auch noch erklären, wo's ist! Bis gleich also."

„Wegen Familienfeier heute kein Reitbetrieb", hatte Töffi mit Rotstift auf ein Schild gemalt und das am Tor befestigt. Denn die Mutterstuten und ihre Fohlen sollten Ruhe haben. „Den einen Tag Ausfall werden wir auch noch verkraften", hatte Anke Woermann gemeint, mit einem

Blick auf den Sonnyboy, der mit seinen Kameras eben im Stall auftauchte, dann draußen auf der Koppel, da hinten, wo die Obstbäume standen und die Pferde sich gegenseitig jagten oder Gras fraßen.

„Da ja er für uns jetzt Reklame macht ..."

Der Sonnyboy ließ sich Zeit.

Er nieste jedoch schon weniger und krächzte nicht mehr ganz so fürchterlich, und nach dem Mittagessen ließ er sich von den Zwillingen einen altersschwachen Liegestuhl im Schatten der Obstbäume aufstellen, kritzelte auf einen Papierblock und schlief schließlich ein.

„Erheblich besser als Afrika", stellte er fest, als er am späten Nachmittag in der Küche wieder auftauchte, aus der ein unwiderstehlicher Geruch von frischem Apfelkuchen kam.

„Ponys, frischer Apfelkuchen, noch dazu gedeckter, mein Lieblingskuchen ... Sie könnten mich eigentlich heiraten, Anke, und ich möchte bemerken, daß ich diesen Vorschlag noch keiner Dame bisher gemacht habe ..."

Anke rieb ihre Reitstiefel mit einem Tuch blank und drehte dem Sonnyboy die Kehrseite zu.

„Kein Bedarf, mein Lieber, mit all dem hier habe ich wahrhaftig alle Hände voll zu tun ..."

Sie trank im Stehen eine Tasse Kaffee, biß in ein Stück von dem noch lauwarmen Kuchen und war schon wieder an der Tür.

„Ich hole Olaf aus der Tierklinik ab. Wir haben Glück gehabt, der Husten ist schon im Abflauen, und heute abend, denke ich, feiern wir ein bißchen: die Geburt zweier so hübscher Fohlen ist ja wirklich ein Grund ..."

Die Küche sah aus wie ein Schlachtfeld. Fettspritzer an den Kacheln der Wand, angebrannte Reste in Pfannen und viele leere Bierflaschen.

„... es kommt wohl daher, daß ich seit Jahren nicht mehr gekocht habe", erklärte der Professor. „Aber seit wir die Berta haben ... und die Berta ist eigentlich beinahe schon immer da ...“

Herr Kugelmann saß auf einem Stuhl, hatte ein rotes Gesicht und trank Bier aus einer Flasche.

„Meine Alte wird mir schön was erzählen, wenn ich mit einem solchen Affen ankomme“, kicherte er. „Bloß – immerhin habe ich was im Magen: Hammelfleisch mit Bohnen, denn meine Alte kocht wie ’ne Eins. Und was man in so Flugzeugen bekommt ...“

„Sandwiches“, erklärte der Professor.

„Bißchen Weißbrot, bißchen Butter, bißchen grünen Salat und so ’ne hauchdünne Scheibe kaltes Fleisch. Grade genug, um Appetit aufs Essen zu kriegen. Wermut, Orangensaft, und schon heißt es: bitte anschnallen, wir setzen zur Landung an ... Himmel noch mal, die Bratkartoffeln sind auch schwarz! Die Berta muß her ... aber das kommt davon, wenn man keine Frau hat.“

Herr Kugelmann fischte einige nicht ganz schwarze Kartoffelscheiben aus der Pfanne und verzog angewidert das Gesicht. „Schmeckt abscheulich. Ich muß mal meine Alte fragen, wie die Geröstete macht. Geröstete Kartoffeln. Mit Zwiebeln. Die sind bei ihr nie schwarz und schmecken ganz anders ... Na ja, die von der Fräulein Berta sind auch nicht die schlechtesten! Und ich hab ja immerhin Mittag gehabt. Und keine Kognaks. Wenn ich was vorschlagen dürfte, Herr Professor, dann würde ich sagen: I fahr’ Eahna jetzt zu Eahna Leit! Was auf gut deutsch heißt: Ich fahr Sie jetzt zu Ihrer Familie.“

Und dagegen hatte der Professor Justus Keller nichts einzuwenden, denn Familie, das hieß: Berta, und etwas zu essen, was nicht verbrannt war. Die Mädchen. Keinen Ärger mit Eva Brüning und endlich wieder gemütlich geregelte Verhältnisse.

„Alsdann“, sagte er und drehte alle Heizplatten ab. „Bis ich wieder weiß, was kochen heißt, bin ich längst verhungert. Fahren wir, Herr Kugelmann, fahren wir!“

Anke Woermann fütterte die Ponys heute abend selbst.

„Ich mache das heute allein“, hatte sie bestimmt. „Ich möchte nämlich nicht soviel Unruhe im Stall. Schließlich ist für die Fohlen alles neu, und die beiden Mamis müssen sich auch erst mal erholen ...“

Die kleinen Fohlen waren schon ganz neugierig. Sie schauten, ohne Angst, als Anke das Futter in die Krippe gab, eine extra große Portion Hafer heute für die Stuten und Heu, und die Fohlen begannen auch selbst schon Appetit zu zeigen und hatten bereits wohlgefüllte kleine Milchbäuche.

„Ihr“, sagte Anke liebevoll und strich über das dicke, glänzende Fell der Fohlen. „Ach, ihr ...“

In der Stallgasse erklangen Schritte. Anke drehte sich um.

„Ich hab doch gesagt, daß keiner rein soll“, sagte sie ärgerlich und entdeckte einen fremden, großen Herrn, schon leicht angegraut, ein bißchen sonnenverbrannt.

„Mein Name ist Keller“, sagte der Herr.

„Und ich habe mir sagen lassen – genauer gesagt, ich habe es bloß durch Zufall erfahren, daß sich meine ganze Familie mit Dackeln und Kater bei Ihnen befindet. Um ehrlich zu sein: so besonders komisch ist das eigentlich nicht, wenn man nach Hause kommt und sich auf die Kinder freut ... und kein Lebewesen ist da.“

Doch da entdeckte Professor Keller die Fohlen, und er verstummte, trat leise auf Zehenspitzen näher und seufzte tief.

„Mit meinem Pferdebrunnen kann ich noch mal von vorn anfangen“, murmelte er, ganz verstört, „wenn ich das da sehe!“

Er stand eine ganze Weile und starrte verzaubert in die Boxen. „So was ... also wirklich, so was müßte man machen. Solche Fohlen, mit den Mutterstuten, also am liebsten würde ich auf der Stelle anfangen.“

Anke verließ die Boxen.

„Daraus wird nichts", sagte sie heiter. „Nicht heute jedenfalls, schließlich sind die beiden Kleinen noch keine vierundzwanzig Stunden auf der Welt. Im übrigen wartet die Berta mit dem Abendessen, die Mädchen hängen Lampions auf, und ich habe ihnen zur Geburt der Fohlen eine kleine Feier versprochen. Ich hoffe, Sie geben mir keinen Korb, Professor, wenn ich Sie herzlichst dazu einlade!"

Der Professor sah sie aufmerksam an. Sie errötete leicht.

„Nein, ich gebe Ihnen keinen Korb, natürlich nicht", sagte er dann langsam.

## *Ein Fest und der Morgen danach*

Töffis Mutter hatte eine riesige Geburtstagstorte von der Anna backen lassen mit Schokoladenguß und einem Hufeisen aus weißer Zuckerglasur in der Mitte. Wienkes brachten außerdem noch Wein mit, und der Tierarzt entschuldigte sich lediglich dafür, daß er Anke Woermanns Telefonnummer zu Hause hinterlassen hatte.

„Da erwartet nämlich eine Elefantendame im Zirkus Nachwuchs, und wenn es soweit ist, muß ich natürlich hin..."

Vorläufig aber baumelten rote und orangefarbene Lampions an den Obstbäumen, und Berta schrie auf vor Überraschung, als Professor Keller hinter Anke Woermann ums Haus herum kam.

„Herr Professor... ja, wieso sind denn Sie schon wieder da? Wenn ich das gewußt hätte, da wäre ich doch daheim gewesen und..."

„Und der Kühlschrank und die Speisekammer wären nicht ausgeräubert", grinste der Professor und schüttelte den Kopf, als er seine Töchter in Reithosen erblickte.

„Macht den Mund wieder zu, ihr beiden", sagte er. „Seht euren alten Vater ja wohl nicht zum erstenmal!"

Christine fing sich zuerst.

„Na, wir dachten doch, du bist mit der ... mit Fräulein Brüning in Italien ..."

„Damit du sie besser kennenlernst, ehe sie dich heiratet."

Der Professor hustete. Trotzdem hatte jeder verstanden, was die Mädchen gesagt hatten.

Dumm, das Ganze. Schließlich konnte er nicht allen erklären, daß es Ärger gegeben hatte.

Anke lachte und versuchte, die Situation zu retten.

„Jedenfalls, jetzt ist euer Paps hier. Und nachdem Berta ihm bei euch zu Hause nichts zu essen gelassen hat, denke ich, ihr reicht mal die belegten Brote herum, und dann gibts Geburtstagstorte. Limo, Sprudel, Bier oder Wein nimmt sich jeder selbst."

Später fanden sich auch die Ponys an dem großen Tisch vor der Hauswand ein, denn Gustav war der Ansicht, daß sie im Grunde die Hauptpersonen waren. Nur die Fohlen und ihre Mütter blieben im Stall, die anderen Ponys aber kamen zutraulich herbei, ließen sich füttern und liebkosen und fuhren dem Professor mit ihren weichen Nüstern übers Gesicht.

„Kann ich gut verstehen", sagte er und lehnte sich an die Hauswand, „daß ihr Mädchen mit Berta hierher übergesiedelt seid. Das ist wirklich noch schöner als Italien oder bei Opa Krischan. Vielleicht verlege ich mein Atelier die nächste Zeit auch nach hier ... Vorausgesetzt natürlich, Fräulein Woermann hat nichts dagegen, daß ich die Fohlen für meinen Brunnen modelliere ..."

Aber Anke Woermann kam nicht dazu, ja oder nein zu sagen. Denn erst kam der Sonnyboy mit ein paar Flaschen Sekt und der Nachricht, die Fotos seien prima geworden und er hätte noch nie so geschwitzt wie bei dem Bericht über den Ponystall, dann mußte Dr. Wienke Hals über Kopf weg in den Zirkus, weil das Elefantenbaby zur Welt kommen wollte. Und als die Zwillinge miteinander wisperten, ob Paps wohl was dagegen hätte, allein nach Hause zu fahren und ob sie hierbleiben könnten, hatte Professor Keller einen ziemlich fröhlichen Schwips, und Anke bereitete zusammen mit Gustav in einer leeren Pferdebox auf Stroh und mit ein paar Wolldecken ein provisorisches Nachtlager für ihn. Fast noch beim fröhlichen Singen schlief er ein, und Monika und Christine kicherten noch eine ganze Weile auf ihren Feldbetten in der Futterkammer. „So müßte es jeden Tag sein, findst du nicht?"

Freilich, nicht jeden Tag wurden Fohlen geboren.

„Ich hab das Bett abgezogen, Fräulein Woermann", sagte Berta am Morgen mit grabesschwerer Stimme. „Und saubergemacht und das Bad geputzt, und das Frühstück steht bereit. Aber weil der Herr Professor wieder da ist, muß ich ja nun nach Hause und das Haus richten, einkaufen, kochen und so."

Berta schniefte.

„Ist ja nicht so, daß ich Sie im Stich lassen will, wo hier soviel zu tun ist. Aber ich gehöre ja doch zum Herrn Professor, und wenn er jetzt eher zurück ist – und noch dazu wo er Urlaub so nötig gehabt hätte – Sie sehen's schon ein, daß ich ihn da nicht im Stich lassen kann."

Anke begriff, daß die gute, alte Berta sich nicht zerreißen konnte. Daß sie von Herzen gern noch ein Weilchen hiergeblieben wäre. Und man hatte, als sie da war und still und unermüdlich kochte, putzte, aufwusch und wieder kochte, erst gemerkt, wieviel wert so jemand wie die Berta für den Ponystall wäre.

„Das sehe ich ein, Fräulein Berta." Anke zog Berta in die Frühstücksecke und schenkte ihr und sich selbst Kaffee ein.

„Sie werden doch nicht mit einem leeren Magen aufbrechen. Und allein schmeckt mir das Frühstück auch gar nicht. Na, und wenn Sie frei haben, Fräulein Berta ... um reiten zu lernen, ist es vielleicht doch ein bißchen spät, aber wenn Sie Lust haben, die Ponys und mich zu besuchen: Ich freue mich immer. Auch wenn Sie mal Urlaub machen wollen –

jederzeit gern hier. Ich habe das auch genossen, die Kinder und Sie, direkt wie ein richtiges Familienleben. Auch wenn es nur ein paar Tage gedauert hat."

Die Berta würgte an ihrem Weißbrot mit Johannisbeergelee, und nicht mal der Kaffee schmeckte wie sonst immer. Und als Anke Woermann das Taxi bestellte und drauf bestand, es auch zu zahlen, weil sie einfach keine Zeit hatte, die Berta selbst nach Hause zu fahren, kam der Gustav herein, mürrisch, wortkarg, und trank im Stehen seinen Kaffee. Er vergaß sogar Milch und Zucker hineinzutun. Und Hunger, sagte er, nein, den hätte er nicht.

„Schön bin ich nicht", brummte er, „und auch nicht mehr der Jüngste, aber wenn Sie doch noch mal dran denken sollten, Fräulein Berta, einen eigenen Hausstand zu gründen, dann lassen Sie's mich wissen."

Die Berta nahm die Dackel an die Leine, den Kater unter den Arm, und Gustav schleppte den Koffer mit Nachtzeug zum Taxi.

„Für so was bin ich zu alt", sagte Berta ruppig. „Schließlich gibt's ja Spiegel, und wie ich aussehe, das weiß ich schon. Aber... gewöhnt hat man sich eben doch... und wenn ich mal frei hab..." Sie zog ihr Taschentuch und schneuzte sich. „Ich bin ja nicht aus der Welt!"

Alle Lautsprecher im Haus liefen auf vollen Touren, und wenn die Dackel nicht laut gekläfft hätten, wäre Berta auf das Klingeln nicht aufmerksam geworden.

„Wird schon was Rechtes sein", knurrte sie, als sie die Treppen hinunterlief, „Staubsaugervertreter, irgend ein windiger, oder so ein Hanswurst will Zeitungen verkaufen... eilen tu ich mich deshalb noch lange nicht!"

Doch als sie die Haustür öffnete, stand Fräulein Brüning in der Gartentür. Sehr braun gebrannt, sehr elegant, im Reisekostüm, mit kleinem Hut, und hinter ihr hielt ein Taxi, in dem sie offenbar eben vom Flughafen gekommen war.

6 - 3878 - 7

„Ist der Professor zu Hause?" fragte Fräulein Brüning. Zu einem „Grüß Gott" oder „Guten Morgen" reichte es offenbar nicht.

„Der Herr Professor? Nicht daß ich wüßte. Er ist doch in Italien, der Herr Professor", sagte die Berta.

Und insgeheim dachte sie: Lieber Gott, straf mich meinetwegen für die Lügen, aber laß ihn schön lang im Pferdestall seinen Rausch ausschlafen, damit er der da nicht in den nächsten Minuten in die Arme läuft. Denn sehr friedlich gestimmt sieht das Fräulein Brüning nicht aus.

„So. Nicht da. Ich muß gestehen, daß mir das reichlich merkwürdig vorkommt. Nicht da! Wo soll er denn sein?"

„In Italien", beharrte Berta. „Er ist doch nach Ischia gefahren, der Herr Professor. Urlaub muß ja auch mal sein!"

„Ach was", warf Fräulein Brüning ärgerlich hin.

„Jedenfalls, wenn es stimmt, was Sie sagen: Wenn er auftaucht, lassen Sie ihn wissen, er soll mich anrufen. Und zwar gleich!" Sie ließ die Gartentür zufallen und stieg wieder in das Taxi.

„Bitte sagen könnte die auch", knurrte die Berta und sah dem abfahrenden Taxi nach.

„Aber Berta", hörte sie plötzlich die Stimme des Professors hinter sich. „Wie einer nur so schamlos lügen kann!"

Die Berta wurde weiß um die Nase und drehte sich langsam um.

„Herr Professor! Aber Sie können einen ja ganz schön erschrecken ... am Ende haben Sie alles mitgehört?"

Der Professor lachte.

„Gehört schon. Aber mich lieber nicht sehen lassen, so unrasiert wie ich bin. Als das Taxi kam, bin ich leise hintenrum ins Haus gelaufen. Denn, genau gesagt, ich habe einen Kater von gestern abend, und Auseinandersetzungen ... nee, also vorläufig nicht. Sagen Sie mir lieber mal, wo bewahren wir meine alten Reitsachen auf, da müssen doch noch Stiefel sein und eine alte Reithose?"

Gemeinsam suchten sie auf dem Dachboden herum. Erst fanden sich die Stiefel. Freilich alt, glanzlos.

„Die kriegen wir wieder hin", erklärte Berta tatenfroh.

„Und die Hose, wenn die noch paßt..."

Der Professor probierte sie und machte ein zweifelndes Gesicht.

„Ich muß abnehmen", brummte er, nicht ganz mit sich zufrieden. „Ich muß entschieden abnehmen. Aber wenn Sie den Knopf versetzen und ich den Bauch einziehe..."

„Den werden Sie schon verlieren beim Reiten. Ich könnte ja auch mal Diät kochen für Sie."

Der Professor seufzte.

„Ich sollte radfahren. Mit den Zwillingen radfahren, jeden Tag eine Stunde. Früh Gymnastik machen. Öfter Tennis spielen. Und warum eigentlich nicht? Dann richten Sie mir mal die Sachen her, Berta, inzwischen werde ich duschen und mich rasieren. Und dann ein gutes Frühstück."

„Yoghurt", sagte Berta. „Und Grapefruchtsaft. Und ein hartes Ei. Das macht schlank."

Der Professor seufzte. Aber er widersprach nicht. Einmal mußte man eben beginnen, heroisch zu sein.

Olaf äugte auf den Reitplatz herüber und graste unter den Apfelbäumen in der Sonne.

Arbeitet ihr nur schön, ihr anderen Ponys, schien er zu denken, solange ich noch huste, ist mir Sonne verordnet, Weiden auf der Koppel und faules Nichtstun.

Anke fuhr ihm liebevoll über die Mähne, klopfte ihm den Hals und zog aus der Reithose ein Stück Zucker heraus. Er nahm es, vorsichtig und höflich, und kratzte mit dem linken Vorderhuf.

„Was, noch ein Stück? Na, weil du hustest. Also ausnahmsweise, mein Junge."

Anke zog noch ein Stück hervor.

„Aber denke bloß nicht, du sollst Schauspieler werden und mußt weiter husten, weil du dann alles darfst, was du

sonst nicht dürftest! Und jetzt ab, Freundchen", sie gab ihm einen freundlichen Klaps auf die Kruppe, „bewege dich ein bißchen! Und die Abteilung: Terrab!"

Töffi ritt heute erstmals den Hengst Dicky. Mit etwas Herzklopfen war er in den Sattel gestiegen. Aber Dicky war nicht nur ein schöner Bursche, er war auch ein Pfundskerl. Keine Ausbruchsversuche. Lammfromm. Reagierte sofort. Ging einfach bombig!

Die Zwillinge folgten auf Douglas und Ferry.

„Ihr stellt euch prächtig an", sagte Anke. „Ich hätte nicht übel Lust, mit euch den ersten Ausritt zu wagen. Aber seht mal, wer da kommt!"

*„Nehmen Sie lieber erst mal eine Zeitung und sehen Sie nach, ob etwas über die Ponys drinsteht."*

Um das Haus herum schlenderte der Sonnyboy herbei. Und er schleppte schwer an einem gewaltigen Packen Zeitungen. Grinsend blieb er vor Anke stehen und überreichte ihr den Packen.

„Oder nehmen Sie lieber bloß erst mal eine. Denn der Packen wiegt ganz schön. Und wenn Sie lesen wollen, brauchen Sie ja beide Hände."

Anke machte große Augen.

„Sie wollen doch nicht sagen, Sonnyboy, daß heute schon was über meine Ponys in der Zeitung steht?"

Der Sonnyboy grinste noch mehr.

„Münchner Teil. Seite zwölf."

Da sprangen die Mädchen und auch Töffi von ihren Pferden, nahmen sie beim Halfter und kamen gelaufen.

„Ist was über die Ponys in der Zeitung? Mann, geht das denn so schnell?"

Der Sonnyboy nickte, hustete, nieste und nickte wieder. „Bei mir schon! Präzisionsarbeit sozusagen. Und alles mit Grippe und gebrochenem Herzen, weil sie", dabei deutete er mit dem Kopf auf Anke, „mich ja vorläufig noch nicht heiraten will. Aber vielleicht überlegt sie sich's, wenn sie meinen Bildbericht gesehen hat."

Und dann starrten sie, Anke und die Kinder, in die Zeitung. Die Bilder! Sogar die Fohlen mit ihren Müttern hatte er aufgenommen. Und Dicky, den Hengst, wie er sich auf die Hinterhand stellte, um sich vom Apfelbaum einen Apfel zu holen. Und die Kinder beim Reiten. Und Gustav, als er Douglas sattelte –, alles war drauf, sogar die Berta im Hintergrund. Und Anke beim Unterricht ...

„Eine neue Attraktion für Münchens Pferdefreunde!" stand fettgedruckt über dem Artikel. „Der Ponystall."

Anke wurde vor Freude ganz rot. Und strahlend streckte sie dem Sonnyboy die Hand hin.

„Einfach Klasse. Das haben Sie wirklich großartig gemacht! In Zukunft dürfen Sie gratis bei mir reiten ..."

Doch der Sonnyboy schüttelte den Kopf.

„Sie sind hoffnungslos, Anke. Der Artikel ist doch erschienen, damit Sie mehr Geld verdienen ... Und reiten lernen würde ich bei Ihnen sowieso gern, auch wenn ich's zahle. Schon weil ich hoffe, vielleicht wollen Sie mich eines Tages doch noch ..."

Anke zog ihn an einem Ohr und lief davon, denn Gustav schrie, daß das Telefon klingele.

Und es waren wirklich die ersten Anrufer auf den Zeitungsartikel hin.

## *Fräulein Brüning greift ein*

„Trübe Verhältnisse", seufzte Anke, als Töffi und die Mädchen vom Einkaufen zurück waren.

„Aber eine Berta kann ich mir nun mal nicht leisten, ist ja auch klar, daß sie für euren Paps sorgen muß. Und daß ich keine Zeit habe, zu kochen, seht ihr ja selbst ..."

Christine packte die Semmeln aus, Töffi schleppte den Korb mit Limo und Bier herbei, und Moni wickelte den Berg Wurstscheiben aus dem Papier.

„Wurstsemmeln schmecken genau so gut wie das, was Berta kocht", beharrte sie, während Anke die Semmeln aufschnitt und mit Wurst belegte.

„Jedenfalls, wenn wir hier sind, bei Ihnen. Und mit den Ponys und überhaupt ..."

Anke seufzte.

„Nach einem halben Jahr auch nicht mehr. Vor allem nicht, wenn man mal ein paar Tage wieder richtig gut gegessen hat, so wie es die Berta eben macht. Die Ladung bitte mal erst für die Bauarbeiter. Sonnyboy, Sie kriegen einen besonderen Orden, wenn Sie auch mit anfassen."

Der Sonnyboy krächzte und erhob sich aus der Küchenecke. Doch Anke drückte ihn sofort wieder in seine Ecke zurück. „Mann, Sie haben ja mindestens vierzig Fieber, Sie gehören ja ins Bett, warum fahren Sie denn bloß nicht nach Hause ..."

Der Sonnyboy grinste hilflos.

„Weil mir schwindlig ist, und da soll man ja wohl nicht fahren. Außerdem gefällt's mir hier."

Anke sah die Mädchen und Töffi leicht verzweifelt an.

„Aber mir gefällt es nicht", stieß sie hervor, „wenn ich gleichzeitig Reitlehrer, Bauaufseher, Koch, Pferdepfleger und auch noch Krankenschwester sein muß!"

„Paps", schrien da die Mädel wie aus einem Mund, „Herrje, Paps, wie siehst du denn aus!"

In der Tür stand der Professor. Er zog den Bauch ein, hielt die Luft an, damit der von der Berta versetzte Knopf nicht abplatzte, und betrachtete kritisch seine alten Reitstiefel, die früher mehr geglänzt hatten.

„Paps!" rief auch Anke erleichtert. „Lieber Professor, Sie kommen wie gerufen. Könnten Sie nicht unseren total vergrippten Sonnyboy erst mal nach Hause und in sein Bett verfrachten und einen Arzt für ihn besorgen? Er hat mir mit seinem Bericht wirklich einen Riesendienst erwiesen, und ich möchte nicht, daß er hier in meiner Küche einen sanften Grippetod erleidet; aber ich kann beim besten Willen nicht weg."

Paps verkniff sich, zu erwähnen, daß er eigentlich gekommen war, um mal zu sehen, ob er noch reiten könne.

Er packte den Sonnyboy freundschaftlich und fest am Arm und zog ihn mit sich.

„Das könnte dir so passen, mein Junge, hier eine schöne Leiche hinzulegen. Nee, Bürscherl, daraus wird nichts. Und wenn ich dir selbst Halswickel anlege und ein Fieberthermometer in den Rachen stecke, also komm."

In der Tür drehte er sich noch mal um.

„Ob und wann ich jetzt noch mal wiederkomme, weiß ich freilich nicht. Aber vielleicht überlegen Sie sich trotzdem mal, welchem Ihrer Ponys ich am sympathischsten sein könnte. Vielleicht kann ich es doch mal wieder versuchen."

„Also wirklich, Moni, das hätte ich nicht gedacht", flüsterte Christine, als Paps auf Douglas eine knappe Stunde geritten war und abstieg.

„Davon hat er uns nie was erzählt!"

Paps ließ sich auch nicht abhalten, den Wallach selbst in den Stall zu führen und abzusatteln.

„Wie sich das für einen Reiter eben gehört", sagte Paps. „Ihr macht das ja auch selbst."

Christine kicherte und half Paps.

„Aber du bist ja doch Professor."

Da prustete Paps heraus. „Na und? Was ist denn dabei so Besonderes?"

Anke kam in den Stall und ließ sich auf der Futterkiste nieder. „Ich bin eine halbe Leiche", stöhnte sie. „So was von Andrang, und bloß wegen des einen Zeitungsartikels. Ich fürchte, ich muß den Sonnyboy doch gesund pflegen, um mich 'n bißchen dankbar zu zeigen. Das Telefon steht nicht still. Die Leute rennen mir das Haus ein, und das während der Bauarbeiten ..."

„Sie sollten mal richtig ausschlafen", sagte Paps. „Wir sind sowieso die letzten, und wenn wir gehen ..."

Anke machte große Augen.

„Och", sagte sie. „Ich dachte, wir machen uns jetzt 'n Bauernomelette und trinken 'n Bier und die Mädchen Limo ... Gustav hat schon Kartoffeln gekocht."

Christine und Monika aber stießen sich an.

„Du, Paps meint, wir sollen mit nach Hause. Was meinst denn du?"

Monika seufzte.

„Na ja. Daß wir hier nicht dauernd in der Futterkammer schlafen können, ist ja klar. Und Paps allein nach Hause fahren lassen, nee, das wäre bestimmt nicht nett."

Paps gab dem Pony ein paar Zuckerstücke. Er hatte das Gefühl, als seien seine Beine total krumm. Aber das würde sich geben. Das war immer so, wenn man lange auf keinem Pferd gesessen hatte.

„Aber Anke allein lassen, wo die nie 'ne Familie hatte, bestimmt wäre das auch nicht nett. Wir müßten uns eben teilen. Eine Nacht übernachte ich hier und die andere du."

„Oder die eine Nacht ich hier und die andere du."

Großes Seufzen.

„Schere, Stein, Papier?" wollte Christine am Ende wissen. Moni nickte. Wer Pech hatte, mußte eben mit nach Hause. Wenn es auch eigentlich nicht nett gegen Paps war, zu sagen: mit Paps fahren, das ist eben Pech. Aber es waren ja die Ponys, die Glück bedeuteten.

Und dann knobelten sie, und Moni verlor.

„Weißt du, Paps", sagte sie und hakte sich ein, als sie nach draußen gingen. „Anke hat doch niemanden, bloß Gustav. Und natürlich die Ponys. Und wenn wir uns abwechseln, mal Tina und mal ich, dann hättest immer du einen von uns abends, so zum Erzählen und damit du nicht allein bist und die Berta auch nicht. Und den anderen hätte die Anke und Gustav und die Fohlen. Und bestimmt, Paps, in der Futterkammer schläft es sich ganz Klasse!"

Das Hämmern der Bauarbeiter war im hintersten Teil des Obstgartens, einer Wiese mit Bäumen, nur ganz leise zu hören. Ab und zu zog eine Düsenmaschine durch den Himmel, hoch oben, im flimmernden Blau. Und manchmal hörte man von weit her die Funkstreife oder das Surren der Autos. Der Professor spürte nicht, daß er schon Stunden hier stand, daß er die Fohlen und ihre Mütter beobachtete und auf seinem Arbeitsständer versuchte, aus weichem formbarem Ton all das zu gestalten, was er sah: die zottigen Fellchen, die lebhaft sich bewegenden Schweife, die staksigen Beine und ihre noch ungeschickten Bewegungen. Wie sie die kleinen Köpfe, auf einem graziösen Hals sitzend, vertrauensvoll an die Flanke der Mutter legten ... Er beobachtete, er schaute, und seine Hände schufen. Bis er müde war. Bis ihm einfiel, daß er Hunger hatte und daß die Beine schmerzten.

Er setzte sich auf einen alten, verbogenen Gartenstuhl, kramte in den Taschen nach Tabak, stopfte sich eine Pfeife, und als die Stuten vertrauensvoll herbeikamen, suchte er weiter und reichte ihnen Zucker. Nicht zuviel, damit es ihnen auch bekam. Eben soviel, daß sie wußten: Der da ist unser Freund.

Zögernd noch, wenn auch von Neugier getrieben, kamen nun auch die Fohlen näher, beschnupperten sein Gesicht.

Der Professor fühlte, daß sie ihm vertrauten, und nur ganz langsam, mit Vorsicht, kraulte er ihnen das Fell. Dann rauchte er ein paar Züge.

Er war voller Dank. Das hier, wo er eingedrungen war als ein fremder Mensch, war ein Geschenk.

Der Brunnen mit Pferden, den er zuerst hatte machen wollen – es war nichts Gutes gewesen. Nicht, wenn er den ersten Entwurf verglich mit dem Quell, der aus einem Felsen sprudelt, und den Fohlen mit ihren Müttern, wie er es jetzt versuchte.

Er ließ sich eine ganze Weile Zeit, bis er sich zu seiner Arbeit drehte.

„Mein lieber Justus Keller", murmelte er dann, „mir scheint, du fängst erst jetzt an zu begreifen, wie man arbeiten muß."

Doch da hörte er seinen Namen. Ungeduldig, laut und wie eine Störung.

„Also Justus, ich muß schon sagen ..."

Sehr elegant, ungerührt von Fohlen und Ponys, kam Eva Brüning durch den Garten.

„Langsam habe ich das Gefühl, jeder lügt mich an: Du bist nicht da, sagt die Berta. Sie wissen nicht, wo du bist, sagen deine Töchter. Und du arbeitest, erzählt mir die Reitlehrerin von diesem komischen Betrieb hier. Und was tust du? Sitzt hier, starrst vor dich hin ... ich frage mich: Was soll das eigentlich?"

Wirklich, das Telefon stand nicht still, und abwechselnd waren es Christine oder Monika, die den Hörer abnahmen und „Ponyhof" sagten. Und die dann nach Anke Woermann suchten, die entweder Unterricht gab oder irgendwo zwischen Holzbohlen, Gerüsten und Lastwagen zu finden war, von denen Material abgeladen wurde. Jedenfalls war es immer ein Gehetze, bis sie endlich gefunden war.

Diesmal aber war es ausnahmsweise niemand, der auf den Zeitungsartikel hin anrief und sich erkundigen wollte, wie das denn im einzelnen wäre und wie viele Pferde und wie hoch die Preise.

Diesmal war es die Berta.

„Also, Tina, bitte sage dem Paps: Sie hat mir gedroht, sie bleibt so lange, bis sie weiß, wo der Paps ist. Und dann hat sie hier gesessen, eine Zigarette nach der anderen geraucht, und wie dann der Gipsgießer angerufen hat, und dem sollte ich doch ausrichten, daß der Paps ihn braucht, da habe ich sagen müssen, wo er ist."

Christine zuckte die Schultern.

„Ist schon gut, Berta. Inzwischen ist sie hier und hat blöde Bemerkungen gemacht. Ponys wären bloß Ponys, und sie würde uns jetzt in Riem bei der Reitakademie anmelden, und Paps würde sich lächerlich machen, Ponys zu modellieren, und wie sich überhaupt 'n erwachsener Mensch auf ein Pony setzen kann, lauter so Zeug. Aber das sag ich dir", hier wurde Christines Stimme laut und drohend, und Moni machte große Augen.

„Wenn er die heiratet, zu der sage ich nie Mutter. Zu der sage ich mein Leben lang ‚Fräulein Brüning'."

Hinter den Mädchen ging die Tür auf, und Anke Woermann kam herein.

„Wieder sind neue Leute da, die die Pferde sehen wollen und ein Abonnement nehmen. Es geht aufwärts."

Sie tat, als hätte sie nichts gehört.

Die Mädchen sahen sich an.

„Bestimmt, Anke: sie paßt nicht zu Paps. Und er merkt es einfach nicht. Wenn er die heiratet –, also uns ist er dann jedenfalls los."

Anke lächelte.

„Wollt ihr denn, daß euer Paps sein Leben lang weiter allein ist?"

Verblüfft starrten Moni und Tina sich an.

„Na, schließlich hat er ja uns!"

Anke lachte und zog aus dem Kasten mit der neuen Kartei ihrer Reitkunden eine Karte heraus, schrieb einen

Namen darauf und wandte sich dann wieder den Zwillingen zu.

„Töchter sind eine Sache. Und eine Frau ist für einen erwachsenen Mann eine andere Sache. Meint ihr wirklich, euer Paps ist nicht klug genug, über so etwas allein zu entscheiden?"

„Nee!" Das riefen sie gleichzeitig. „Das heißt, klug ist er sonst schon. Aber die wickelt ihn doch einfach ein. Das findet die Berta auch."

Und Anke seufzte. „Na, wenn die Berta das auch findet, dann habt ihr vielleicht wirklich recht. Ich fürchte nur, wir können da wenig machen. Denn euer Paps ist ja immerhin erwachsen." Aber ganz überzeugt klang das nicht.

Paps kam erst abends wieder. Diesmal war er nicht in Reithosen, sondern trug einen dunklen Anzug.

Die Mädchen bauten gerade Hindernisse in der offenen Bahn auf, denn nachdem der Reitbetrieb vorüber war und die Arbeiter gegangen, hatte Anke gesagt, sie wollte mit dem Hengst Dicky springen.

„Noch ein bißchen höher", korrigierte Anke und half selbst mit.

Ihr „Guten Abend, Professor", klang kühler als sonst, und auch Christine und Monika taten gleichgültig gegen Paps. Er hätte ja nicht mit diesem Fräulein Brüning mittags einfach wegfahren müssen, ohne viel zu sagen.

„Ich muß meine Pferdeplastik noch gut in feuchte Tücher wickeln", erklärte Paps jetzt. „Damit mir das Zeug nicht bis morgen austrocknet. Denn sonst arbeitet es sich nämlich schlechter daran. Ja, und wie ist das mit euch, ihr beiden? Ich bin nämlich heute abend nicht zu Hause. Da ist eine Theaterpremiere."

„Zu der du mit Fräulein Brüning hinmußt. Ich weiß schon. Jedenfalls können wir ja dann beide hierbleiben, wenn Anke es erlaubt."

Anke lächelte, als sie die hoffnungsvollen Augen der Mädchen sah.

„Aber klar könnt ihr. Und jetzt raus mit euch aus der Bahn, wollen mal sehen, wie der Bursche heute springt!"

Paps schüttelte den Kopf.

„Das sind doch Hindernisse wie für ..."

„Für richtige Pferde, wollen Sie wohl sagen. Fräulein Brüning, Ihre Bekannte, war ja auch der Ansicht, Ponys seien keine ‚richtigen' Pferde! Aber da kennen Sie die Connemaras noch nicht. Noch nie von ‚Stroller' gehört, dem Pony in der englischen Olympiamannschaft, das die höchsten Sprünge mühelos genommen hat?"

Paps stand da und schien sich ungemütlich zu fühlen.

„Mensch, hoffentlich schafft Dicky das", flüsterte Moni ihrer Schwester zu.

„Damit Paps mal sieht –"

Gustav führte den Ponyhengst, der einen sehr munteren Eindruck machte, aus dem Stall, und Anke saß auf.

Sie schaute weder rechts noch links, sie redete mit dem Hengst, klopfte ihm den Hals, und Gustav öffnete die Barriere.

Es war ganz ruhig jetzt; irgendwo, weit entfernt, hörte man das Surren von Autos. Und dann, nach ein paar Runden, galoppierte Dicky an. Er schnaufte ein wenig und nahm die Sprünge, die wirklich hoch waren, als sei es eine Spielerei. Vielleicht schnaufte er jetzt etwas mehr, aber genau so, wie es am besten paßte, setzte er ab und sprang leicht und sicher und noch einmal und immer wieder, bis Anke der Ansicht war, daß es reichte.

Sie beugte sich über seinen Hals, klopfte ihn, lobte ihn und sah ein bißchen spöttisch zu Paps hinüber, der erst jetzt daran dachte, daß er seine Plastik einwickeln wollte.

„Dem haben Sie's aber gezeigt", sagte Christine voller Bewunderung, als Anke mit Dicky die Bahn verließ.

„Pst", Anke legte den Finger auf die Lippen. „Schließlich ist er euer Paps. Aber ich habe mir schon gedacht: dem

*Dicky nahm die Hindernisse, als sei es eine Spielerei*

zeigen wir jetzt mal, was ein Connemarapony kann. Die sind nämlich ganz großartige Springpferde, sie springen sicher und sehr gern, und wenn hier alles richtig läuft, will ich mit Dicky im nächsten Jahr auf ein paar Turniere gehen. Ein bißchen Reklame machen für die Connemaras."

Da stieß Moni hervor: „Wir lieben sie auch. Bestimmt. Ich kann mir jetzt schon nicht mehr vorstellen, daß wir mal ohne Pferde leben konnten ..."

„Na, dann laßt uns mal noch in den Stall schauen, ob sie alle richtig versorgt sind. Und dann wollen wir mal Kriegsrat halten, was es für unsere hungrigen Mägen gibt!"

## *Eine richtige große Familie*

Der Professor saß beim Frühstück und hatte schlechte Laune.

„Sie stehen mal wieder in der Zeitung!“ sagte die Berta und brachte die Zeitung. „Bei den Großkopfeten, die bei der Theaterpremiere waren. Mit dem Fräulein Brüning.“ Gleichzeitig setzte sie die Kaffeekanne so heftig auf den Tisch, daß der Kaffee fast überschwappte.

„Vielmehr, das Fräulein Brüning in Begleitung von Professor Keller.“

Der Professor räusperte sich.

„Kann ich dafür, was in der Zeitung steht.“

Er war schlechter Laune. Denn in den Pausen hatte Eva Brüning nur dauernd mit ihm zu streiten versucht. Daß Ponys keine Pferde wären, hatte sie behauptet. Sie hätte nur mal Dicky gestern springen sehen sollen.

Und daß er endlich gescheites Personal anstellen solle, die Berta würde schon was anderes finden.

Und ... und ... und ...

Darüber, daß er gesagt hatte, die Berta gehöre nun mal zur Familie, hatte sie nur gelacht.

„Dummes Zeug! Aber du weißt vermutlich nicht mehr, was ein gepflegter Haushalt ist. Und die Mädchen sind ja völlig verwildert, die gehören ins Internat!“

Der Kaffee war der Berta heute restlos mißlungen. Angewidert verzog der Professor das Gesicht.

„Schmeckt wie Galle. Wie kalte Galle.“

Berta nahm mit beleidigter Miene die Tasse und die Kanne weg.

„Es kann einem ja schließlich auch mal was daneben geraten. Dann mache ich halt Kamillentee.“

„Unterstehen Sie sich!“

Verblüfft sah der Professor hinter ihr her. Die war ja genau so aufsässig wie die Kinder. Ja, wer war eigentlich hier der Herr im Haus?

„Tee“, rief er ihr nach. „Aber schwarzen. Mit Zitrone, und heiß. Sonst frühstücke ich in Zukunft woanders!“

Hinten im Garten arbeitete Paps an seinem Pferdebrunnen. Er vergaß, daß er nicht richtig gefrühstückt hatte, und als Christine ihm eine Flasche kaltes Bier und drei belegte Semmeln brachte – „Das kriegen die Arbeiter nämlich auch“, nickte er kaum.

Es war so allerhand, was ihm durch den Kopf ging. Und dann: die Arbeit machte Fortschritte, und je länger er die Ponyfohlen beobachtete, desto mehr begann er, sie richtig zu lieben. Die graziösen kleinen Burschen, die glänzenden klaren Augen, wie sie versuchten, sich im Leben zurechtzufinden –, Paps lebte in einer anderen Welt. Und als Monika gelaufen kam und rief, Fräulein Brüning wäre am Telefon, kaute er seine Wurstsemmel, machte ein finsteres Gesicht und brummte: „Du siehst ja, daß ich arbeite. Sag ihr, ich kann jetzt nicht. Und überhaupt hab ich's dick, wenn man mich bei der Arbeit stört.“ Da machte Monika kehrt.

Und beim Mittagessen, Semmeln, Milchkaffee und Obst als Nachspeise, platzte es einfach aus ihr raus.

„Warum können wir denn bloß nicht hier dazugehören. Paps braucht uns ja überhaupt nicht. Und wenn Sie, Anke, uns nun adoptieren würden oder so? Und Paps zahlt einfach, was wir so im Monat kosten? Dann hätten Sie doch keine Unkosten und wir 'n richtiges Zuhause mit Pferden und so. Und wir könnten doch auch 'ne ziemliche Menge helfen hier, oder?“

Christine begann zu strahlen, so wie ein Weihnachtsbaum mit vielen Kerzen.

„Mensch, das ist ja direkt 'ne Klasse-Idee! Selbst wenn Sie uns nicht richtig adoptieren. Und die Töchter von Paps bleiben wir ja sowieso. Aber dann kann er die heiraten, Sie wissen schon, das Fräulein Brüning, bloß wir brauchen mit der nicht zusammenzuleben. Und er kann uns immer hier besuchen und mit uns reiten und so was wie den Pferdebrunnen machen."

„Moment mal", warf Anke ein. „Meint ihr nicht, daß ihr ganz schön spinnt? Soviel ich nämlich bemerkt habe, hat euer Paps euch ziemlich lieb!"

„Na sicher hat er, und wir tun ihm ja vielleicht bloß einen Gefallen ..."

Die Mädchen machten beide beschwörende Gesichter.

„Weil – wir möchten nicht, daß sie unsere Mutter wird. Und vielleicht kommt die Berta dann auch hierher, denn das Fräulein Brüning will doch ‚geschultes Personal' und daß wir in 'n Internat kommen, damit sie 'n großes Haus führen kann mit vielen Gästen und so. Müssen Sie doch selber sagen: wir stören da bloß. Und Berta auch."

Anke Woermann stand auf und kam mit einer Schachtel Zigaretten wieder.

„Und ihr findet, das, was ihr euch da ausgedacht habt, wäre die beste Lösung?" fragte sie zweifelnd. „Glaubt ihr denn, euer Paps würde euch so einfach gehen lassen?"

„Na klar. Das heißt, vielleicht. Wenn Sie zum Beispiel ihm zureden würden ..."

Anke lachte.

„Ihr seid ja verrückt, alle beide. Aber vielleicht werde ich wenigstens mal versuchen, zu erfahren, was euer Paps dazu meint. Nur im Moment ... ihr seht's ja selbst, muß ich erst eine Reitstunde geben!"

Christine schleppte Wassereimer zum Tränken, und Monika holte eines der Ponys nach dem anderen aus dem Garten in die Boxen, bis auf diejenigen, die gerade in der freien Bahn geritten wurden. Um Paps hatten sie im Lauf des Tags, seit Mittag, immer einen großen Bogen gemacht und sogar Gustav gebeten, ihm zur Aufmunterung einen Becher Kaffee und eine Zuckerschnecke zu bringen.

„Ob der schon was ahnt?“ wollte Moni wissen, als alle Boxen mit frisch gefüllten Eimern versehen waren. „Aber die Anke hat doch noch gar keine Zeit gehabt, mit ihm zu reden, du! Ein bißchen komme ich mir ja wie Judas vor, weißt schon. Der Jesus verraten hat. Aber ich meine es bestimmt nicht so. Da hätte Paps, was er will. Und die Blöde, na weißt schon, wen ich meine, die bildet sich der doch nun mal ein. Dann kann er mit ihr verheiratet sein, und wir leben hier, und wir mögen uns alle mächtig gern ...“

Christine seufzte und ließ sich auf ein Strohbündel fallen, das Gustav vorhin in den Stall gezerrt hatte.

„Na ja. Aber schließlich ist er unser Papa. Und es war immer so gemütlich mit ihm. Und seit unsere Mami tot ist, hat er ja bloß noch uns ...“

„Quatsch. Die Dingsda, die hat er ja jetzt auch. Und wenn wir hier leben würden, vielleicht braucht er da gar nicht so irre viel zu zahlen, als wenn er uns ins Internat tut. Denn wir arbeiten ja auch.“

Dabei stand Christine wieder auf.

Denn das Wort „arbeiten“ hieß beileibe nicht, auf Strohbündeln rumzusitzen.

„Und die Berta muß er auch nicht mehr haben. Da kann er der Dame dann ihr ‚geschultes Personal‘ bezahlen und ... na ja ... 'ne Mutter haben wir nicht gehabt. Paps war immer beides. Eben – Eltern. Und die Berta. Und die behalten wir bestimmt. Außerdem haben wir ja auch noch Anke. Und die Ponys.“

Aber so besonders fröhlich klang das alles nicht. Und beide Mädchen schnieften, heulten ein bißchen vor sich hin und versuchten dann, weil man ja kein Schlappschwanz sein will, mühsam zu grinsen.

Die Fohlen waren im Stall, und der Professor wickelte die nassen Lappen um seine Plastik.

Ist gut geworden, dachte er. Ist so verflixt gut geworden wie schon lange nichts mehr.

Vielleicht liegt's dran, daß die Kerlchen mir ans Herz gewachsen sind. So, wie meine Zwillinge. Irgend was, was zu einem gehört, kann einem eben ans Herz wachsen ...

Er merkte nicht, daß die Pfeife längst ausgegangen war. Die Mädchen. Kleine Babys, damals. Und er, als Professor für Bildhauerei, als Vater von zwei kleinen Babys, hatte allein dagestanden.

„Berta, Fräulein Berta“, hatte er gesagt. „Was fangen wir bloß mit den beiden an?“

Eigentlich war die Arbeit fertig. Fast fertig. Und doch war der Gedanke unschön: etwa nicht mehr herzukommen.

„Na, einen Tag kann ich noch dran korrigieren“, brummelte er vor sich hin.

„Und reiten kann ich hier ja jederzeit. Denn die Connemaras sind mittlerweile richtige Kumpels. Und die Mädel haben soviel Spaß daran.“

Und plötzlich durchzuckte den Professor eine Erleuchtung, und er grinste wie ein Schulbub, als er Anke Woermann durchs Gras auf ihn zustapfen sah.

„Sie kommen mir gerade richtig“, rief er ihr entgegen. „Erstens mal um sich anzusehen, was ich da gemacht habe. Kommt mir nämlich ganz so vor, als wäre es mir geraten, der Brunnen und die Fohlen.“

Anke betrachtete die in Ton modellierten Fohlen nachdenklich. Sie nickte.

„Doch“, sagte sie. „Die sind so, wie sie sind. Gut. Schade, daß ich weder den Platz noch das Geld für einen solchen Brunnen habe.“

„Hm“, brummte der Professor. „Vielleicht läßt sich da Abhilfe schaffen, was das Geld betrifft, meine ich. Verkaufen Sie mir die zwei Fohlen ...“

Anke wurde blaß und sah den Professor an.

„Verkaufen? Ich? Meine Fohlen? Ja sind Sie denn übergeschnappt? Oder würden Sie etwa ihre Mädel hergeben? Für Geld noch dazu?“

Professor Keller lachte schallend.

„Na hören Sie mal, meine Liebe, die Idee ist wohl verrückt! Welcher Vater würde denn seine Kinder hergeben!"

Anke setzte sich auf eine Kiste und betrachtete ihre Stiefel. „Na, Ihre beiden Mädchen haben mir das jedenfalls vorgeschlagen. Ich sollte sie adoptieren oder Ihnen jedenfalls vorschlagen, daß sie bei mir wohnen und mir helfen und bei mir zu Hause sind. Dann könnten Sie diese Dame – ich vergesse leider Namen immer so schnell – heiraten. Und jeder wäre glücklich und zufrieden."

Diesmal wurde der Professor blaß.

„Sagen Sie das bitte noch mal. Das ist doch – das ist ja nicht zu glauben! Meine Töchter haben Ihnen das vorgeschlagen?"

Anke zuckte die Achseln.

„Sie glauben doch wohl nicht, daß ich lüge?" fragte sie kühl. „Sie können die Zwillinge ja selbst fragen. Sie meinten auch, die Berta käme bestimmt auch gern mit zu mir. Und so wäre jedem geholfen. Und was meine Fohlen betrifft, die gebe ich nicht her. Ich nämlich habe im Gegensatz zu Ihnen nie eine Familie gehabt. Meine Familie sind die Ponys, meine Connemaras. Und Gustav. Und daß man ein paar Freunde hat, die gern da sind, ist auch ganz schön. Ihre Kinder zum Beispiel rechne ich dazu. Und die Berta."

Nachdenklich wickelte der Professor die nassen Tücher um die Fohlen aus Ton. Langsam und sehr nachdenklich.

„Es ist ziemlich häßlich von Ihnen", sagte er dann, „daß Sie mich nicht dazu rechnen. Finden Sie nicht? Wirklich ziemlich häßlich. Aber vielleicht hat es auch sein Gutes, daß Sie mir einen Denkzettel verpassen, Anke. Wenn ich's mir recht überlege, vielleicht war es sogar verflixt nötig."

Christine und Monika gaben sich heute abend besonders Mühe, den Tisch in Ankes Bauernstube schön zu decken.

Freilich, es würde wieder Wurstsemmeln geben. Aber Tomaten dazu und frische Gurke. Und für Gustav ein Bier und für Anke und die Mädels Apfelsaft und Sprudel.

„Und Paps“, meinte Tina beim Decken, „der trifft sich doch bestimmt wieder mit Fräulein Brüning. Meinst du, daß Anke ihm schon was gesagt hat?“

Monika seufzte.

„Vielleicht findet er's gemein von uns. Na ja, kapieren tut er sicher nicht gleich, daß das vielleicht für alle am besten wäre. Wenn er sich das Fräulein Brüning nun mal so einbildet... Töffi würde sagen, daß ist eben ‚sein Zahn, auf den er steht‘..., dann wäre es doch auch nicht richtig, wenn wir so dagegen sind. Und vielleicht ist er sogar erleichtert, wenn wir dann hier bei Anke bleiben. Wo die Dame uns ja sowieso ins Internat stecken will.“

Langsam wurde es draußen dämmrig, und Christine knipste die Lampe an.

Doch da klingelte das Telefon.

Moni war am schnellsten im Büro nebenan.

„Mensch, Berta“, sagte sie. „Du, wir haben Paps 'nen tollen Vorschlag gemacht, ich glaube, Anke bringt's ihm gerade bei. Nämlich daß wir hier bleiben, bei Anke. Und natürlich helfen. Und vielleicht gibt Paps 'nen Zuschuß, so mit Geld, damit sie keine Unkosten hat. Und daß du auch kommst, na klar: mit den Dackeln und Kasimir. Und die Dingsda, die kann er heiraten, aber wir brauchen nicht ins Internat, und er kann uns jeden Tag besuchen...“

Es dauerte lange, bis Berta zu Wort kam. Und das, obwohl sie es dauernd versuchte.

„Ihr spinnt ja ganz schön“, sagte sie. „Aber na, darüber können wir ja nochmal reden, und 'n bißchen Erspartes habe ich auch auf der Sparkasse. Und zunächst müssen wir ja wissen, was der Herr Professor sagt, denn ich könnte mir denken: gefragt werden mag der schon auch noch. Ja und im übrigen: das Fräulein Brüning hat angerufen, und ob der Herr Professor vergessen hätte, daß sie zum Abendessen mit ihm rechnet und daß Gäste kommen, wichtige Leute.“

Monika kicherte.

„Wichtige Leute? Sicher soll er deretwegen den Frack anziehen und 'nen Zylinder auf 'n Kopf. Wenn du's genau wissen willst, Berta, ich guck da grade aus 'm Fenster, und Paps hat Reithosen an und schleppt seine Plastik ins Haus... nee, Berta: das kann ja wohl nicht wahr sein, weißte, was der grade macht? Der gibt der Anke 'nen Kuß, also bitte, Tina, sieh dir das an. Und die lacht auch noch und hängt sich bei ihm ein. Also Berta, wenn du das nicht siehst, dann kannst du's einfach nicht glauben! Meinst du wirklich, der Paps hat erlaubt, daß wir ganz bei Anke bleiben?"

Die Berta räusperte sich umständlich.

„Was ich jedenfalls glaube", sagte sie dann langsam, „ist, daß das Fräulein Brüning mit ihren Gästen heute vergeblich auf euren Paps wartet. Und ich vielleicht auch mit meinem Schnittlauchquark und Katenschinken."

Der Gustav kam herein und grinste, wie er noch nie gegrinst hatte.

„Na, ihr zwei Hübschen? Also darauf muß sich Gustav Notterbeck doch erst mal 'ne Halbe Bier genehmigen."

Er öffnete eine Bierflasche und ließ das Helle glucksend die Kehle runterrinnen.

„Das Fräulein Woermann und der Herr Professor Keller... Hand in Hand. Und die reden und reden und lachen und reden..."

Monika und Christine blickten sich fragend an.

„Na ja. Vielleicht hat er gesagt, daß er einverstanden ist, wenn wir ganz bei Anke bleiben."

„Das Gefühl habe ich auch", sagte Gustav und setzte sich auf die Küchenbank. „Da drauf möchte ich sogar 'n Eid schwören. Nee, das Fräulein Woermann. Wo's doch sonst für die nischt wie ihre Connemaras gibt. Ich habe mich ja manchmal schon still für mich gewundert. Gustav, hab ich mir gedacht, Gustav: die ist doch nu 'ne verflixt saubere Person. 'n richtig hübsches Mädchen. Und keinen schaut die an. Kann natürlich aber auch sein, die hat's nich eilig. Die wartet, bis sie den Richtigen trifft..."

Und in dem Moment ging die Tür auf.

Anke kam herein und lachte und hatte ganz glänzende Augen, und dann kam Paps, einen Kopf größer als Anke.

„Stellen Sie sich vor, Gustav", rief Paps in die Runde, „Fräulein Woermann hat allen Ernstes gedacht, ich gäbe meine Töchter her."

Da schob Anke ihren Arm in den von Professor Keller. „Und stellt euch bitte vor, daß der Professor sich eingebildet hat, ich würde meine beiden Fohlen verkaufen. Die wollte er nämlich für seine Töchter haben."

Christine biß sich auf die Lippen, und Monika riß die Augen auf.

„Die Fohlen... die Fohlen wolltest du für uns kaufen, Paps? Du, ist das wahr? Dann komme ich mir jetzt richtig gemein vor! Weil wir doch dachten, wir leben lieber hier, und du kannst dann Fräulein Brüning heiraten."

Doch Paps machte ein durchtriebenes Gesicht. So wie er es Weihnachten gern machte, wenn er zuvor sagte: „Gibt bloß 'ne Kleinigkeit für jeden." Und hernach war es immer etwas, was man sich ganz schrecklich gewünscht hatte.

„Tja, und nun seid ihr sicher enttäuscht: Weil ich nämlich erkannt habe, daß ich Fräulein Brüning lieber doch nicht heirate. Und natürlich, weil Anke die Fohlen nicht verkaufen will..."

Da wehrte Anke ganz heftig ab.

„Bitte enttäusche doch die beiden nicht, Justus! Verflixt, ist das schwierig, wenn man eben noch Sie und Professor gesagt hat. Na, mit der Zeit werde ich mich an das ‚du' und ‚Justus' schon gewöhnen. Und mit den Fohlen, ihr zwei, seid nicht enttäuscht – denn kriegen tut ihr sie. Nur: geschenkt. Denn wenn wir jetzt in Kürze alle eine große Familie sind, mit Paps und mir als Eltern und mit Gustav und Berta und den Dackeln, Kasimir und den Connemaras..."

Da war der Groschen gefallen.

„Mensch", murmelte Monika hingerissen.

„Wir alle 'ne richtige Familie?"

„Klasse", sprudelte Christine hervor, „bin ich gespannt, was das Fräulein Brüning dazu sagt!"

Da kam Berta in die Küche marschiert. Einen großen Korb, aus dem auch ein paar Sektflaschen herausschauten, hatte sie dabei, einen dicken Blumenstrauß und die Dackel an der Leine und Kasimir auf dem Arm.

„Ich hab mir gedacht, bei so einem Anlaß gehören die auch dazu. Und da bin ich mit 'nem Taxi herüber", sagte sie. „Und ich glaube, was das Fräulein Brüning zu allem sagt, Kinder, hat Zeit. Aber ich kann nur sagen: viel Glück. Und es ist auch an der Zeit gewesen, Herr Professor, daß Sie mal endlich einen so gescheiten Einfall gehabt haben. Gustav, und jetzt helfen Sie mir mit den Pullen. Denn ich finde immer, man soll die Feste feiern, wie sie fallen."

LISBETH PAHNKE

**Britta siegt beim Springturnier**

Britta ist glücklich, an der Reitschule unterrichten zu können, und ihre Schülerinnen hängen an ihr. Trotzdem ist für sie nicht immer eitel Sonnenschein. Besonders das Pony Billy hat seine Tücken. Und die bekommt Britta zu spüren. Aber dafür versöhnt Billy seine Reiterin beim entscheidenden Wettkampf . . .

Schneider-Buch

MONICA ALM

**Kiki mit dem Ponyklub unterwegs**

Welch eine Überraschung für den Ponyklub: 1000 Mark Belohnung! „Aber was fangen wir damit an?“ fragt Kiki begeistert. Für die Mädchen gibt es keinen Zweifel: Sie unternehmen für acht Tage eine Reittour. Und damit beginnt das Abenteuer. Denn wer übernachtet schon gern in einem verlassenen Bauernhof, in dem es spuken soll?

Schneider-Buch